Inhaltsverzeichnis

„Kunst als Motiv“ – Kunst kreativ nutzen

Liebe Kolleginnen und Kollegen,

Kindern Kunst nahebringen, ihnen Künstler vorstellen und selbst künstlerisch kreativ zu werden, das ist mein Hauptanliegen im Kunstunterricht.

Natürlich müssen die Kinder auch die „Basics“ kennenlernen. Dazu gehören neben den Techniken auch, wie Farbe auf das Papier gelangen kann, Farbenlehre und Kompositionslehre. Diesen Bereich des Kunstunterrichts thematisiere ich schwerpunktmäßig in meinen Heften „Malen lernen mit Kindern“.

Die Reihe „Kunst mit Kindern“ stellt die kreative Begegnung und Auseinandersetzung mit Kunstwerken und deren Künstlern in den Vordergrund. Kinder gehen völlig unkompliziert und mit viel Freude mit ihrer eigenen Interpretation und Umsetzung von Kunstwerken um und zeigen sich sehr interessiert am Leben und Werk der Künstler.

Viele Themen in diesem Heft sind geprägt von der „Pop-Art“. Entstanden sind sie durch den fächerübergreifenden Unterricht von Deutsch und Sachunterricht über das Thema „Werbung“. Andy Warhol brachte uns dann zur Pop-Art und Roy Lichtenstein zu den Comics, die nicht nur im Kunstunterricht das Tagesgeschehen beeinflussten. Über Comics haben einige meiner „Nichtleser“ sogar zum Lesen gefunden. Aber auch für den Matheunterricht gab es bei Lichtenstein Anregungen. Dass Mathe und Kunst so nah beieinanderliegen, faszinierte sogar meine „Mathemuffel“. Denn Kunst finden alle toll!

Lassen Sie sich also auch einmal von den Ideen der Kinder treiben – oft kommt viel Kreatives dabei heraus.

Ihre
Astrid Friedrich

1970–heute

Moderne
Keith Haring (1958–1990) – Band 1*
Friedrich Hundertwasser (1928–2000) – Band 2*
Niki de Saint Phalle (1930–2002) – Band 3*
James Rizzi (1950–2011) – Band 4*
Gerhard Richter (1932)

1955–1975

Konkrete Malerei – Op Art
Victor Vasarely (1906–1997) – Band 3

1958–1965

Pop-Art
Andy Warhol (1928–1987) – siehe auch Band 1
Roy Lichtenstein (1925–1997) – siehe auch Band 1

1945–1960

Abstrakter Expressionismus
Max Ernst, Wilhlem Nay (1902–1968) – Band 1
Jackson Pollock (1912–1956) – Band 1

1924–1945

Surrealismus
César Manrique (1919–1992) – Band 4
Max Ernst (1891–1976) – Band 1
Joan Miró (1893–1983) – Band 1, 3 und 4
René Magritte (1898–1967) – Band 1
Salvador Dalí (1904–1989) – Band 2

1913–1936

Bauhaus
Paul Klee (1879–1940) – Band 1

1907–1925

Kubismus
Pablo Picasso (1881–1973) – Band 1 und 3

1905–1919

Expressionismus
Wassily Kandinsky (1866–1944) – Band 1 und 3
Franz Marc (1880–1916) – Band 2

1905–1920

Fauvismus
Henri Matisse (1869–1954) – Band 1 und 3

1880–1900

Symbolismus
Edward Munch (1863–1944) – Band 3

1890–1910

Jugendstil
Gustav Klimt (1862–1918) – Band 2 und 4

1880–1910

Nachimpressionismus
Vincent van Gogh (1853–1890) – Band 2
Henri de Toulouse-Lautrec (1864–1901) – Band 3

1860–1900

Impressionismus
Claude Monet (1840–1926) – Band 2

1420–1600

Renaissance und Manierismus
Giuseppe Arcimboldo (um 1527–1593), Band 3

* der Reihe *Kunst mit Kindern*

Lehrplan für das Fach Kunst in der Grundschule

„Der Lehrplan Kunst untergliedert das Fach in die folgenden Bereiche:
- Räumliches Gestalten
- Farbiges Gestalten
- Grafisches Gestalten
- Textiles Gestalten
- Gestaltung mit technisch-visuellen Medien
- Szenisches Gestalten
- Auseinandersetzung mit Bildern und Objekten"

(aus: Lehrplan Kunst Grundschule NRW)

In allen Bänden „Kunst mit Kindern" steht der Bereich **Auseinandersetzung mit Bildern und Objekten** im Vordergrund und ist immer Ausgangspunkt für die Gestaltungsaufgaben. Auch der Bereich **Farbiges Gestalten** wird immer thematisiert.

Im vorliegenden Band steht auch der Bereich **Gestaltung mit technisch-visuellen Medien** im Fokus, da dieser oft in meinem Kunstunterricht zu kurz kam. Fotografie aber auch Kopien – zum Beispiel von Geldscheinen – wurden im künstlerischen Gestaltungsprozess integriert. Auch direkt am PC haben die Kinder Gestaltungsthemen kreativ umgesetzt.

Grafisches Gestalten fließt da ein, wo grafische Elemente dekorativ und gestaltend den malerischen Prozess unterstützen.
Aber auch die Arbeit im **Kunsttagebuch** (Skizzenbuch) trainiert die grafischen und zeichnerischen Fertigkeiten der Kinder.
Textiles und Szenisches Gestalten werden in diesem Band nicht berücksichtigt.

Kompetenzerwartungen

Im Lehrplan Kunst ist immer von Kompetenzerwartungen die Rede. Da diese in meinen Augen oft zu abstrakt formuliert sind, gebe ich meine „Lernziele" in verständlicher Formulierung an und setze die aus dem Lehrplan passenden **Kompetenzerwartungen** fett gedruckt dahinter.

Leistungsbewertung

Im neuen Lehrplan Kunst wird dieser Bereich unter dem Kapitel „Leistungen fördern und bewerten" behandelt.

Die für mich wichtigste Aussage ist, dass Kriterien und Maßstäbe der Leistungsbewertung den Kindern transparent sein sollen. Dies stellen Sie als Kunstlehrerin sicher, wenn Sie mit den Kindern die Gestaltungsaufgabe besprechen und gemeinsam die Bewertungskriterien an der Tafel (oder/und im Kunsttagebuch) notieren lassen. Zu jedem Gestaltungsthema finden Sie einen Kriterienkatalog, den Sie beliebig ergänzen oder variieren können.

Bewerten Sie die fertigen Kunstwerke der Kinder ruhig auch mal gemeinsam mit Ihrer Klasse. Sie werden erstaunt sein, wie kritisch und objektiv die Kinder mit ihren eigenen Gestaltungsergebnissen umgehen!

Bewerten sollten Sie für die Kunstnote nicht allein die Gestaltungs**ergebnisse,** sondern auch den Gestaltungs**prozess,** den sachgerechten und verantwortungsvollen Umgang mit Material und Werkzeug, die Hilfsbereitschaft untereinander, die Arbeit im Team (z. B. bei Gruppenarbeiten) und die Bereitschaft, sich auf neue Themen und Techniken einzulassen.

Auch die Verlässlichkeit beim Kunstdienst und das Einbringen eigener kreativer Ideen sind bei der Kunstnote zu berücksichtigen.
Bei uns fließt auch die Führung des Kunsttagebuches (Skizzenheftes) stark in die Bewertung mit ein!

Kunsttagebuch & Kopiervorlagen

Auch in *Kunst mit Kindern 5* gibt es wieder zu jedem Künstler Infos für den Lehrer (Lehrer-Info) und zusätzlich zu jedem Künstler ein Infoblatt für die Hand der Kinder (Info-Seite). Damit soll den Kindern auch ein theoretisches Fundament zu dem thematisierten Künstler und zu seinen Kunstwerken gegeben werden.
Als Kunsttagebuch eignet sich ein fest gebundenes, dickeres Heft (DIN A5) mit weißen Seiten. Es kann von jedem Kind selbst besorgt oder gesammelt vom Klassenlehrer angeschafft werden.

Im **Kunsttagebuch** finden Platz:
- Infoblatt zum Künstler (auf DIN A5 verkleinert)
- Gestaltungsthema mit Bewertungskriterien
- eigene Skizzen, Ideen zum Gestaltungsthema
- eventuell Informationen und Bilder, die selbst recherchiert wurden

Zu den meisten Gestaltungsaufgaben finden Sie in diesem Band eine **Kopiervorlage.** Ich möchte Sie bitten, diese pädagogisch geschickt einzusetzen.
Die Kopiervorlagen sollten nicht als „Ausmalblatt" verwendet werden, sondern in erster Linie als Zeichen**hilfe** dienen.

Diese Hilfe kann differenziert eingesetzt werden:
1. Die Kopiervorlage, auf DIN A3 vergrößert, kann auch mal die eigene **Vorzeichnung ersetzen,** sodass das Kind sich ausschließlich auf die malerische Aufgabe konzentrieren kann. Das ist insbesondere für zeichenschwache Kinder (z. B. im Rahmen der Inklusion) gedacht, damit auch diese Kinder ein Erfolgserlebnis haben. Für „Malanfänger", zum Beispiel Erstklässler, dienen Kopiervorlagen auch als Motivationshilfe, um den richtigen Umgang mit Farben und Pinsel zu üben!

2. Die Kopiervorlage kann, auf DIN A4 kopiert oder auf DIN A5 verkleinert, als **Abzeichenhilfe** für eine eigene Vorzeichnung dienen.
   Beim Abzeichnen kann man sich auch eines Tricks bedienen:
   Die Zeichnung, die abgezeichnet werden soll, wird einfach auf den Kopf gedreht und auch so abgezeichnet. Dadurch konzentriert sich die Aufmerksamkeit auf den Verlauf der Linien und den Kindern fällt das Abzeichnen leichter!
   (Idee aus: Betty Edwards, Das neue Garantiert zeichnen lernen: Die Befreiung unserer schöpferischen Gestaltungskräfte, Rowohlt Verlag, 2000)

3. Die Kopiervorlage auf DIN A3 vergrößert kann gut sichtbar etwa dreimal im Klassenraum aufgehängt werden, um zur Orientierung und als **Zeichenhilfe** für die eigene Vorzeichnung zu dienen.

4. Zum **Einstieg** in das neue Gestaltungsthema kann eine auf DIN A3 vergrößerte Kopie an die Tafel gehängt als **Erklärungs- und Orientierungshilfe** dienen.
   Auch effektiv ist es, wenn Sie als Kunstlehrerin die Kopiervorlage nutzen und die Gestaltungsaufgabe **selbst ausprobieren.** Malen Sie für die Kinder ein **Anschauungsbild** und nutzen Sie es als Einstieg in das Thema. Die Bewunderung Ihrer Kinder ist Ihnen in jedem Fall gewiss!

5. Aber auch **„Ausmalbilder"** haben ihre Berechtigung!
   Wenn Sie die Kopiervorlagen auf DIN A6 verkleinern, jeweils 4 Bilder auf einen weißen DIN-A4-Karton kopieren und diesen auseinander schneiden, erhalten Sie tolle **„Kunstpostkarten"**, die Ihre Kinder mit Buntstiften oder Filzstiften farbig ausmalen können. Dieses Angebot habe ich (insbesondere im Fachunterricht) oft den Kindern gemacht, die recht schnell mit ihrem eigenen Bild fertig waren.
   Auch für den offenen Anfang oder bei Regenpausen ist dieses Angebot bei den Kindern sehr beliebt.

Die **Vorzeichnung** von den Kindern erfolgt zuerst als Skizze im **Kunsttagebuch.** Für die Skizze dürfen meine Kinder „nur" den Bleistift benutzen. Das bedeutet, radieren und benutzen des Lineals sind nicht erlaubt. Bei neuen Klassen ist dies anfangs ein Problem. Aber sehr schnell gewöhnen sich die Kinder daran, mit dem Bleistiftstrich „suchend" die richtige Form zu finden und diese dann kräftig nachzuzeichnen.
Der fertige Entwurf aus dem Kunsttagebuch wird anschließend auf das DIN-A3-Malpapier übertragen.
Das Führen eines solchen Kunsttagebuches schult enorm die **Zeichenfertigkeit** der Kinder. Auch vorher festgelegte **Bewertungskriterien** werden hier eingetragen.

Kunsttagebuch & Kopiervorlagen

Für Sie als Kunstlehrer, aber auch bei einem Kunstlehrerwechsel, bietet das Kunsttagebuch einen guten Überblick über alle bearbeiteten Gestaltungsaufgaben.
Auch die **zeichnerische Entwicklung** eines jeden Kindes lässt sich sehr deutlich darin beobachten.
Die Kinder blättern immer wieder gerne in ihrem Buch und festigen somit auch ganz nebenbei ihr Wissen über die durchgenommenen Künstler.

Eine Info-Wand **„Künstler des Monats“** bietet Platz für das Info-Blatt auf DIN A3 vergrößert sowie für Bilder und Texte, die motivierte Kinder im Internet gefunden und ausgedruckt haben.
Diese Info-Wand können Sie auch gut an einer Stellwand im Schulflur einrichten, dann haben auch andere Klassen etwas davon.
Wir nutzen meist die Seitentafel im Kunstraum.

In eigener Sache:
Wenn wir Pop-Art hören, fällt uns sofort eine ganz bestimmte Kunstrichtung ein. Trotzdem ist die Bezeichnung Pop-Art keine Stilbezeichnung, sondern eher eine Bezeichnung für das Lebensgefühl der sechziger Jahre und hat ihren Ursprung in Amerika.
Entstanden aus den Konsum- und Verhaltensgewohnheiten der Menschen wurde der klassische Kunstbegriff in Frage gestellt. Aus einer elitären Kunst wurde eine Kunst für alle – auch erschwinglich für alle.

Die Bilder der Pop-Art sind bunt, dekorativ und meist plakativ gemalt oder gedruckt – eine Kunstrichtung, die (nicht nur) Kinder stark anspricht und begeistert.
Pop-Art in der Grundschule kann über bekannte Künstler zum Thema werden, aber auch einfach aus der Freude am plakativen und farbenfrohen Malen heraus.

Im ersten Schuljahr habe ich viele Themen frei im Stil der Pop-Art mit den Kindern bearbeitet und das plakative (Aus-)Malen von Flächen, das richtige Anrühren der Farben und die Freude am entstandenen Bild gefördert.

Anregungen für meine Vorlagen und Motive habe ich unter anderem auch bei **Britto** gefunden.
Romero Britto ist ein zeitgenössischer Künstler, geboren 1963 in Brasilien, und lebt heute in Miami. Man zählt ihn zu den Neo-Pop-Art-Künstlern.
In seinen Bildern greift er oft bekannte Motive – wie zum Beispiel die Mickey Mouse – auf und bearbeitet sie in seinem Stil neu. Aber auch bekannte Werke von großen Künstlern wie Picasso, Matisse, van Gogh u. a. nutzt er als Idee für seine Werke. So ist eine kleine Reihe „Wir malen in Pop-Art-Stil" entstanden, die bei den Kindern richtig gut ankam und deren dekorative Ergebnisse gute Laune machten.
Auf DIN A6 verkleinert wurden für die Kinder auch begehrte „Ausmalbilder" daraus, die gerne mit Filzstiften koloriert wurden. Auf Karten aufgeklebt entstanden schöne Kunstpostkarten.

Probieren Sie es mit Ihren Kindern aus!

Zeit
je Bild 1 – 2 Unterrichtsstunden

Material
Abbildungen von Werken von Britto oder eine farbig gestaltete Malvorlage, Kopiervorlage auf DIN A3 kopiert, Wasserfarbkasten, Borstenpinsel, schwarze Marker oder weiche Wachsmalkreiden (z. B. Jaxon-Kreiden)

Bereiche & Schwerpunkte
Auseinandersetzung mit Bildern und Farbiges Gestalten mit den Schwerpunkten Kunst entdecken, Erproben von Materialien und Techniken, Zielgerichtet gestalten und Präsentieren

Lernziele & **Kompetenzerwartungen**
- Erproben einer plakativen Maltechnik
- Nutzen vorgegebener Motive als Gestaltungselemente
- **gliedern Flächen durch Farbiges Gestalten**
- **experimentieren mit Farbwirkungen und reflektieren diese**
- **nutzen Farben und Farbwirkung bei der Gestaltung von Bildern**

Einstieg
Als Einstieg reicht die Betrachtung einer farbig gestalteten Malvorlage, am besten in der Technik, die Sie mit den Kindern erproben wollen, also mit Wasserfarben oder Wachsmalkreiden.
Wenn Sie das Material haben – zum Beispiel Abbildungen von Brittos Werken auf Kalenderblättern – oder die Möglichkeit besteht, Bilder aus dem Internet per Beamer an die Wand zu werfen, sollten Sie auch gemeinsam einige Werke betrachten.

In beiden Fällen arbeiten Sie mit den Kindern folgende Punkte heraus:
- Die Flächen sind einfarbig und deckend (plakativ) ausgemalt.
- Aneinandergrenzende Flächen haben verschiedene Farben.
- Die Farben werden rein (sauber), also ungemischt, aus dem Farbkasten benutzt.
- Alle Flächen sind durch dicke schwarze Konturen abgegrenzt.

Folgende Bildmotive stehen zur Auswahl
- Herzen im Pop-Art-Stil
- Osterhase im Pop-Art-Stil
- Zwei Hasen im Pop-Art-Stil
- Blumen im Pop-Art-Stil
- Rentier zu Weihnachten
- Weihnachtsbaum

Wir malen im Pop-Art-Stil (2)

Aufgabe

Gestalte dein Bild im Pop-Art-Stil! Arbeite dabei genau und sorgfältig.

Vorgehensweise

Werden Wasserfarben benutzt, muss jede Farbe sehr gut angerührt (bis Bläschen erscheinen) und mit nicht zu viel Wasser auf die Fläche aufgetragen werden.

Aneinandergrenzende Flächen nicht direkt nacheinander bearbeiten, da sonst die Farben ineinanderlaufen können.

Sind alle Flächen ausgemalt, muss das Bild mindestens einen Tag durchtrocknen, bevor die Konturen mit einem schwarzen Marker nachgezogen werden. Dabei können kleine Fehler korrigiert werden.

Herzen im Pop-Art-Stil

Ein tolles Bild anlässlich des Valentinstages oder zum Muttertag! Auf einen Bogen Tonpapier (35 x 50 cm) aufgeklebt und eingerollt ergibt dieses Bild ein schönes Geschenk.

Osterhase im Pop-Art-Stil

Eine schöne Dekoration zur Osterzeit!

Wir malen im Pop-Art-Stil (3)

Zwei Hasen im Pop-Art-Stil

Das Besondere an dieser Gestaltungsaufgabe ist das quadratische Format.

Blumen im Pop-Art-Stil

Die Blumenbilder haben den ganz großen Vorteil, dass sie auch über einen längeren Zeitraum als Dekoration in der Klasse hängen können.
Außerdem bietet es sich an, diese Malvorlage lediglich als Kompositionsidee an die Tafel zu hängen. Die Kinder zeichnen dann ihr eigenes Blumenbild im Pop-Art-Stil.

Wir malen im Pop-Art-Stil (4)

Rentier zu Weihnachten

Da wir im ersten Schuljahr vor Weihnachten noch intensiv dabei waren, den Farbkasten zu erkunden und das Anrühren der Farbe zu üben, war das Rentier ein willkommenes Motiv.

Weihnachtsbaum

Der stilisierte Weihnachtsbaum bot unendlich viele Gestaltungsmöglichkeiten mit allen Variationen von Glitzer, Streusternchen und Stanzmotiven aus Goldpapier.
Die Motivation und der Einfallsreichtum der Kinder sind bei diesem Thema sehr hoch. Sie müssen nur ausreichend „Deko-Material" zur Verfügung stellen!

Präsentation

Es lohnt sich, die Bilder auf farbiges Tonpapier (alternativ: Fotokarton) zu kleben. Kommen die Bilder in einen Rahmen, kann das Aufkleben mit Hilfe zweier „Kleberöllchen" erfolgen, sodass ein schneller Austausch der Bilder möglich ist, ohne viel Tonpapier zu verbrauchen!

Kriterien zur Leistungsbewertung

1. Sind alle Flächen „plakativ", also wie gedruckt, einfarbig ausgemalt?
2. Stimmt die Farbauswahl (laut Vorgaben)?
3. Wurde „sauber" gearbeitet?
4. Wurden die Konturen exakt nachgezeichnet?

Kopiervorlage „Osterhase im Pop-Art-Stil“

BVK

Kopiervorlage „Blumen im Pop-Art-Stil“

Kopiervorlage „Rentier zu Weihnachten“

Kopiervorlage „Weihnachtsbaum“

Zeit
je Bild 1 – 2 Unterrichtsstunden

Material
Kopiervorlage auf DIN A3 kopiert (ergibt immer 2 Bilder), Wasserfarbkasten, Deckweiß, Borstenpinsel, schwarze Marker; zum Drucken: Korken, in Form geschnittene Schwämme, Holzstäbchen, kleine Deckel von Tuben …

Bereiche & Schwerpunkte
Auseinandersetzung mit Bildern und farbiges Gestalten mit den Schwerpunkten Kunst entdecken, Erproben von Materialien und Techniken, zielgerichtet Gestalten und Präsentieren

Lernziele & **Kompetenzerwartungen**
- Erproben einer plakativen Maltechnik
- Nutzen vorgegebener Motive als Gestaltungselemente
- Kennenlernen des Begriffs „Muster“
- **gliedern Flächen durch farbiges Gestalten**
- **experimentieren mit Farbwirkungen und reflektieren sie**
- **nutzen Farben und Farbwirkung bei der Gestaltung von Bildern**
- **erproben einfache Hochdruckverfahren (hier: Stempeldruck)**

Hinweis
Die Pop-Art-Tiere sind auf Wunsch meiner Kinder entstanden. Da wir die „Hundeklasse“ sind, wollten viele Kinder nach den Osterhasen noch einen Hund oder einen Seehund malen, einige eine Katze. Auch das Küken stand auf der Wunschliste. Damit ein gewisser Lernzuwachs hinzukommt, habe ich bei den Pop-Art-Tieren neben der plakativen Malweise außerdem noch die Stempeltechnik als gestalterische Möglichkeit eingeführt.

Einstieg
Die Pop-Art-Tiere können auch ohne vorherige Gestaltung der anderen Bilder mit den Kindern thematisiert werden.
Als Einstieg bietet es sich an, von jeder Kopiervorlage ein Beispielbild anzufertigen. Probieren Sie sich selbst aus. Es macht nicht nur Spaß, sondern die Bewunderung Ihrer Kinder ist Ihnen sicher!

Arbeiten Sie bei der Betrachtung mit den Kindern folgende Punkte heraus:
- Die Flächen sind einfarbig und deckend (plakativ) ausgemalt.
- Die Farben werden rein (sauber), also ungemischt, aus dem Farbkasten benutzt.
- Nur die Fläche des Tieres ist „gemustert“. Als Muster gibt es Streifen, Punkte und Karos.
- Alle Flächen sind durch dicke schwarze Konturen abgegrenzt.

Pop-Art-Tiere (2)

Vorgehensweise

Die Tierbilder werden zunächst plakativ gestaltet. Dabei sollten die Kinder mit dem Hintergrund anfangen und dann erst das Tier bearbeiten.
Anstelle einer aufgedruckten Musterung können die (geduldigen) Kinder auch bunte Streifen als Muster nutzen!
Durch das halbe DIN-A3-Format sind die Kinder damit relativ schnell fertig.

Alternative

Die Katze wird ausgeschnitten und auf einen vorher einfarbig gestalteten Hintergrund geklebt. Dann ist das Malen der Streifen leichter!

Augen

Die Augen der Tiere werden mit Deckweiß zum „Leuchten" gebracht. Die schwarze Pupille kann später mit dem schwarzen Marker nachgezeichnet werden.

Muster drucken

Punkte drucken ist relativ einfach. Als Stempel dient ein Korken, ein rundes Holzstäbchen, ein Wattestäbchen oder auch ein Finger.
Der Stempel wird mit Hilfe des Borstenpinsels eingefärbt. Dabei muss, wie immer, die Farbe gut angerührt sein. Oft kann man zwei- bis dreimal stempeln, bevor wieder neue Farbe aufgetragen werden muss.
Karos druckt man mit vorher angefertigten Stempeln. Das kann ein Schwämmchen sein, welches quadratisch geschnitten wurde oder ein Holzwürfel, von dem man eine Seite zum Stempeln nimmt. Es kann auch ein Quadrat aus Moosgummi oder Pappe ausgeschnitten und mit Heißkleber auf einen Korken geklebt werden.
Streifen haben die Kinder freihändig gemalt.

Konturen

Ist das Bild gut durchgetrocknet, werden die Konturen mit einem schwarzen Marker dick nachgezogen. Dabei können auch kleine „Malungenauigkeiten" ausgeglichen werden.

Präsentation

Es lohnt sich, die Bilder auf farbiges Tonpapier (alternativ: Fotokarton) zu kleben. Dabei sollten Sie immer vier Bilder auf einen Bogen (50 x 70 cm) kleben. Toll sieht es aus, wenn Sie pro Bogen jeweils die vier verschiedenen Tiere verwenden! Kommen die Bilder in einen Rahmen, kann das Aufkleben mit Hilfe zweier „Kleberöllchen" erfolgen.

Kriterien zur Leistungsbewertung

1. Sind alle Flächen „plakativ", also wie gedruckt, einfarbig ausgemalt?
2. Wie ist die Musterung geglückt?
3. Wurde sorgfältig gearbeitet?
4. Wurden die Konturen exakt nachgezeichnet?

Schülerarbeiten aus einem 2. Schuljahr

Schülerarbeiten aus einem 4. Schuljahr

Kopiervorlagen „Seehund“ & „Küken“

Wann Andrew Warhola genau in Pittsburgh als Sohn slowakischer Immigranten geboren wurde, ist unklar. Es gibt in der Literatur verschiedene Angaben. Vom Sommer 1928 bis irgendwann im Jahr 1931 soll das Geburtsdatum liegen.
Warhol studierte am Carnegie Institute of Technology in Pittsburgh, einer Art Schule für Design, und schloss sein Studium 1949 mit dem Abschluss „Bachelor of Fine Arts“ ab. Anschließend zog er nach New York, wo er als professioneller Werbegrafiker arbeitete und Anzeigen für Modezeitschriften wie „Glamour“ und „Vogue“ gestaltete. Zu dieser Zeit verkürzte er seinen Namen auf Andy Warhol. In der Welt der Werbung wurde er sehr geschätzt und verdiente viel Geld. Sein eigentliches Ziel aber war es, ein „richtiger“ Künstler, ein Star zu sein.
Andy Warhol hatte eine neue Technik der Reproduktion genutzt. Seine Entwürfe zeichnete er mit Bleistift auf Papier, welches wasserabstoßend war, zog die Linien mit Tusche nach und druckte das Ergebnis auf saugfähiges Papier. Diese Löschblatttechnik war einfach und hatte fast malerischen Charme, da die Linien nicht immer gleich erschienen *(blotted line)*. Schon früh nutzte Warhol Helfer, die seine „blottings“ kolorierten.
Diese Technik war ein entscheidender Schritt innerhalb seiner künstlerischen Entwicklung, da sie eine Vervielfältigung ermöglichte und den Begriff des „Originals“ aufweichte.
Viele seiner Bilder wurden auch nur ansatzweise von ihm hergestellt. Er hatte die Idee und Helfer (seine „boys and girls“), die seine Bilder in seiner „Factory“ weiterbearbeiteten. Eine ähnliche Arbeitsweise wurde übrigens auch schon bei den „alten Meistern“ wie zum Beispiel da Vinci, Rubens und Rembrandt angewendet.
Andy Warhols künstlerischer Durchbruch kam, als er Kunstwerke mit Motiven der Werbegrafik schaffte. Dies geschah zuerst mit Farbe und Pinsel, später aber mit Hilfe seiner Löschblatttechnik. Als Motive dienten ihm Comics, Flaschen- und Dosenetiketten sowie Fotos aus der Presse.
In den 60er Jahren entstanden zum Beispiel die bekannten Suppendosen von Campbell's®, die Dollarscheine und die Brillo® Kartons. Da fast zeitgleich Roy Lichtenstein ebenfalls die Comics als Motiv für sich entdeckte, hörte Warhol auf, Comics zu malen.

Im August 1962 begann Andy Warhol mit dem Siebdruck. Der Fotosiebdruck machte die aufwändigen Vorzeichnungen überflüssig und ermöglichte es, Gemälde in Serien zu produzieren. Damit stellte Warhol den Begriff des Originals wieder einmal in Frage.
Er begann auch, dasselbe Motiv mehrfach auf einer Leinwand zu wiederholen.

Andy Warhol

Marilyn Monroe war nur wenige Tage tot, als Andy Warhol dieses berühmte Starporträt als Motiv für ein Bild wählte, dem noch viele folgen sollten. Selbst steckbrieflich gesuchte Männer dienten ihm als Motive. Viele berühmte Menschen sollten als Motiv folgen: Jackie Kennedy, Elvis Presley, Elizabeth Taylor, Mao Zedong, Joseph Beuys, Mick Jagger, aber auch der Künstler selbst.
Auch Filme produzierte Andy Warhol. Seine Filme verstießen gegen alle Regeln der Filmkunst und kamen ohne Bildwechsel und geplante Dialoge aus. Er beschränkte sich auf die Ablichtung einfacher Vorgänge und Gegebenheiten, bei denen so gut wie nichts „passierte".

1968 überlebte er ein Attentat und erlebte damit die Schattenseite des Berühmtseins. Als Star unter Stars war er Gast bei den wichtigsten Partys in New York und die Berühmtheiten seiner Zeit wollten alle von ihm porträtiert werden. Er fertigte die Fotos an, meist mit einer Sofortbildkamera, und überließ die „Arbeit" den „boys and girls" seiner „Factory".

Am 22. Februar 1987 starb Warhol unerwartet nach einer geglückten Gallenblasenoperation an Herzversagen.

Notiz:
www.warhol-andy.de
www.pop-art-kunst.de
www.geo.de/GEOlino
www.whoswho.de

Tipp
In *Kunst mit Kindern Band 1* finden Sie das Gestaltungsthema *„Mein Porträt im Warhol-Stil"!*

Siebdruck
Für die Kinder ist das Siebdruckverfahren eine interessante, neuartige Drucktechnik, die sicher an der Grundschule ihren Platz findet. Bei einer Klassenstärke von bis zu 30 Schülern ist es natürlich nicht möglich, mit allen Kindern gleichzeitig am Siebdruck zu arbeiten. Deshalb habe ich einige Themen entwickelt, bei denen Kinder den Siebdruck in Kleingruppen durchführen können, um einen Einblick in die doch sehr oft verwendete Technik zu bekommen.

Beim klassischen Siebdruck habe ich ein Sieb für die Kinder vorbereitet. Die Kinder haben mit Hilfe des fertigen Siebes die Technik des Siebdruckens angewendet. Sehr verständliche Infos zum Siebdruck finden Sie zum Beispiel unter *www.siebdruckland.de*
Es gibt jedoch auch die Möglichkeit des einfachen Siebdruckes mit Hilfe von Papierschablonen, die die Kinder ganz leicht selbst herstellen können.

Also, nur Mut!

Andy Warhol (1928 – 1987)

Info

Andy Warhol wurde wahrscheinlich im Sommer 1928 in Pittsburgh (USA) geboren. Er studierte Werbegrafik, wollte aber unbedingt Künstler werden.
Er zog nach New York, wo er erst für die Werbung arbeitete, später aber die Motive der Werbung auf große Leinwände brachte und somit auch als Künstler anerkannt wurde.

Besonders bekannt sind seine Bilder mit den Suppendosen von *Campbell's®*, die Dollarscheine und die *Brillo®*-Kartons. Andy Warhol arbeitete erst mit Hilfe einer Löschblatttechnik, später mit Hilfe des Siebdruckes. Beide Techniken ließen es zu, Motive oft hintereinander zu drucken. Anschließend kolorierte er seine Drucke mit Pinsel und Farbe.

Berühmt sind seine Bilder von der bekannten Schauspielerin Marilyn Monroe.

Andy Warhol hatte viele Helfer (seine „boys and girls"), die seine Ideen und Bilder in der sogenannten „Factory" fertigstellten. Sonst hätte er gar nicht so viele Bilder produzieren können.

Andy Warhol war schon zu Lebzeiten ein bekannter Pop-Art-Künstler und viele berühmte Leute wollten sich von ihm porträtieren lassen. Seine Werke hängen heute in vielen bedeutenden Museen und sind sehr teuer.

Am 22. Februar 1987 starb Andy Warhol nach einer Operation in einem New Yorker Krankenhaus.

Andy Warhol

Schülerarbeit

Geldscheine (Collage) (1)

Andy Warhol

Zeit

2–3 Unterrichtsstunden

Material

eine Abbildung des Bildes „80 Zweidollarscheine (Vorder- und Rückseite)", 1962, Kopien von Geldscheinen, Schere, Klebestift, Klebeunterlage, ein Blatt weißes Papier (Zeichen- oder Malpapier) in DIN A3, Farbkasten, Borstenpinsel, Haarpinsel, Malschwämmchen, eventuell Marker, Buntstifte und die Möglichkeit Schriften auszudrucken, Kugelschreiber, Durchschlagpapier oder auch Buchstabenstempel, Buchstabenschablonen

Bereiche & Schwerpunkte

Auseinandersetzung mit Bildern und Farbiges Gestalten mit den Schwerpunkten Kunst entdecken, Erproben von Materialien und Techniken, Zielgerichtet gestalten und Präsentieren

Lernziele & **Kompetenzerwartungen**

- Collage als künstlerische Technik erfahren
- Nutzen vorgegebener Motive als Gestaltungselemente
- Nutzen von Schriften als künstlerisches Ausdrucksmittel
- **erschließen sich ausgewählte historische und zeitgenössische Kunstwerke und finden Bezüge für die eigene Gestaltung**
- **gliedern Flächen durch farbiges Gestalten**
- **experimentieren mit Farbwirkungen und reflektieren sie**

Info

Der Werbegrafiker Andy Warhol wählte seine Kunstmotive aus den wichtigsten Marken der Massenreklame, die als Zeichen der damaligen Zeit zu sehen waren. Dazu gehörte auch der Dollar, der als Symbol des amerikanischen Traums verehrt wurde. Zum Dollar schuf Warhol jede Menge Zeichnungen. Für sein Bild „80 Zweidollarscheine (Vorder- und Rückseite)" von 1962 nutzte er die Siebdrucktechnik.

Wenn Sie die Möglichkeit haben, ein Sieb für die Siebdrucktechnik zu erstellen, wäre dieses Thema gut geeignet und Sie können mit den Kindern die Siebdrucktechnik praktisch erproben.
Da man dafür jedoch eine gewisse Grundausstattung benötigt, ist es eine gute Alternative, mit Kopien zu arbeiten!

Vorgehensweise

Das Thema eignet sich besonders dann, wenn zum Beispiel im Matheunterricht „Geld" behandelt oder im Sachunterricht zum Thema „Deutschland und Europa" die Umstellung auf den Euro thematisiert wurde.
Leider darf aus rechtlichen Gründen keine Kopiervorlage der „alten" D-Mark-Scheine veröffentlicht werden. Vielleicht besitzen Sie aber noch den ein oder anderen Schein und können sich selbst eine Kopiervorlage erstellen.

Geldscheine (Collage) (2)

Einstieg

Bei der Betrachtung des Bildes „80 Zweidollarscheine (Vorder- und Rückseite)“ kann mit den Kindern herausgearbeitet werden, was daran denn „Kunst“ ist. Abgesehen davon, dass jeder Geldschein ja ein kleines Kunstwerk ist und auch gedruckt wird, ist besonders die Tatsache an sich, dass ein Künstler diese Geldscheine als Motive nutzt, das Besondere. Eventuell sind auch Kinder mit ausländischen Wurzeln in der Klasse, die noch anderes Geld haben oder hatten. Auch dies ist eine tolle Gelegenheit, über Geld, seinen Wert und seine Wichtigkeit zu sprechen!

Vorbereitung

Für die Kinder müssen ausreichend Geldscheine zum Ausschneiden vorhanden sein. Wir haben pro Kind etwa 10 Geldscheine benötigt.

Komposition

Jedes Kind soll sich für einen Geldschein für sein Bild entscheiden. Nun muss es überlegen, wie die Geldscheine auf dem DIN-A3-Blatt angeordnet werden können und welches Format das Bild haben soll: Hoch- oder Querformat. Dies kann durch Ausprobieren entschieden werden.

Aufkleben

Beim Aufkleben gibt es mehrere Möglichkeiten:

- Das Malpapier ist noch weiß.
- Das Malpapier wird zuerst in einer Farbe eingefärbt. Dann muss das Papier vor dem Aufkleben der Geldscheine einen Tag trocknen!
- Die Geldscheine werden „glatt“ aufgeklebt.
- Vor dem Aufkleben werden die Geldscheine zerknüddelt und anschließend wieder glatt gestrichen. Dadurch entsteht die Illusion von „gebrauchten“ Geldscheinen.

Zum Aufkleben bietet es sich an, eine Klebeunterlage zu benutzen, da insbesondere die Ecken der Geldscheine gut mit dem Klebestift eingestrichen sein müssen, damit sich die Scheine beim Übermalen nicht lösen.

Farbige Gestaltung

Bei der farbigen Gestaltung gibt es ebenfalls mehrere Möglichkeiten:

- Der Hintergrund (wenn er noch weiß ist) und die Geldscheine werden mit Hilfe des Malschwämmchens eingefärbt.
- Der Hintergrund wird plakativ (deckend) in einer Farbe mit dem Borstenpinsel ausgemalt.
- Ist der Hintergrund soweit fertig, können die Geldscheine lasierend (Farbe dünn mit viel Wasser angerührt) farbig gestaltet werden. Dies kann mit Hilfe des Malschwämmchens oder einem Haarpinsel erfolgen.
- Mit Hilfe eines dünnen Borstenpinsels oder eines Haarpinsels können auch Details nachgemalt werden.
- Wenn die Kinder Details genauer herausarbeiten wollen, können zur farbigen Gestaltung auch Buntstifte zum Einsatz kommen. Beide Techniken können durchaus kombiniert werden.

Geldscheine (Collage) (3)

- Auch das Thema Farbenlehre kann in die Gestaltungsaufgabe einfließen. Der Hintergrund wird in einer Grundfarbe und die Geldscheine in der komplementären Farbe eingefärbt (oder umgekehrt).
  Zur Info: Die komplementären Farbpaare sind: Rot / Grün, Blau / Orange und Gelb / Violett.

Schrift

Andy Warhols Bilder enthalten oft auch Schriften, die einen Bezug zum Motiv haben. Bei den Geldscheinen sollten die Kinder sich eine „Kernaussage" ihres Bildes überlegen. Planen Sie eine Zwischenbetrachtung der Schülerergebnisse mit ein und lassen Sie die Kinder gemeinsam überlegen, welches Wort (oder welcher kurze Satz) zu ihrem Bild passen könnte.

Hier einige Ideen meiner Kinder

MEHR TASCHENGELD! • MEINS! • GELDKUNST • KUNST • UNGÜLTIG • IN MEMORIAM • TEURO

Die Kinder können die Wörter am PC schreiben und in der gewünschten Größe ausdrucken. Mit Hilfe von Durchschlagpapier und einem Kugelschreiber werden die Wörter dann auf das Bild übertragen. Anschließend können die Buchstaben farbig gestaltet werden. Je nach Inhalt und Aussage kann auch der gedruckte Text ausgeschnitten und als „Band" aufgeklebt werden.

Tipp

Bei uns brachte ein Kind Moosgummibuchstaben mit. Daraus haben wir einen Stempel „ungültig" gebastelt und das Wort anschließend auf die Geldscheine gestempelt. Dazu wurde auf die Buchstaben mit dem Borstenpinsel Wasserfarbe aufgetragen und dann gestempelt. (Dies geht auch mehrfach hintereinander.) Aus Moosgummi können auch Buchstaben zum Stempeln ausgeschnitten werden.

Außerdem gibt es Buchstabenschablonen aus Metall oder Plastik zu kaufen. Auch Holzbuchstaben können gut als Schablone benutzt werden.

Präsentation

Es lohnt sich, diese Bilder auf farbiges Tonpapier zu kleben und in Bilderrahmen zu hängen! Sie können als Dekoration auch über einen längeren Zeitraum im Klassenraum hängen bleiben.

Kriterien zur Leistungsbewertung

1. Wurden die Geldscheine ausgewogen (eventuell symmetrisch) auf dem Blatt verteilt?
2. Wurde sorgfältig ausgeschnitten und aufgeklebt?
3. Passt die Farbauswahl zusammen?
4. Hatte das Kind eine eigene Idee für „seinen" Text?
5. Wie gelang die Umsetzung der Idee?

Hier Schülerbeispiele aus einem ersten Schuljahr.

Andy Warhol

Hier wurden die „alten" DM-Scheine kopiert und für die Gestaltung verwendet!

(Cola-)Flaschen im Stil von Warhol (1)

Zeit

1 – 2 Unterrichtsstunden

Material

eine Abbildung des Bildes „Grüne Coca-Cola®-Flaschen“, 1962, Öl auf Leinwand, 208,9 x 144,8 cm, Polyblock-Druckplatten, eventuell Kopiervorlage „Flasche“, DIN-A4-Blatt, Bleistift, Skizzenheft, Schere, Kugelschreiber oder spitzer Bleistift, Malpapier in DIN A3, Farbkasten, Borstenpinsel, Malschwämmchen, eventuell Marker, Bunt- oder Filzstifte und die Möglichkeit, Schriften auszudrucken, eventuell Klebestift

Bereiche & Schwerpunkte:

Auseinandersetzung mit Bildern und Farbiges Gestalten mit den Schwerpunkten Kunst entdecken, Erproben von Materialien und Techniken, Zielgerichtet gestalten und Präsentieren

Lernziele & **Kompetenzerwartungen**

- Erproben einer Drucktechnik
- Nutzen vorgegebener Motive als Gestaltungselemente
- Nutzen von Schriften als künstlerisches Ausdrucksmittel
- **erschließen sich ausgewählte historische und zeitgenössische Kunstwerke und finden Bezüge für die eigene Gestaltung**
- **erproben einfache Hochdruckverfahren**
- **kennen Möglichkeiten der Vervielfältigung in Druckverfahren und setzen sie in bildnerischer Absicht ein**
- **gliedern Flächen durch farbiges Gestalten**
- **experimentieren mit Farbwirkungen und reflektieren sie**

Andy Warhol

Info

Der Werbegrafiker Andy Warhol wählte seine Kunstmotive aus den wichtigsten Marken der Massenreklame, da durfte die Coca-Cola®-Flasche nicht fehlen. Für sein Bild nutzte er die Siebdrucktechnik.

(Cola-)Flaschen im Stil von Warhol (2)

Wenn Sie keine Möglichkeit haben, ein Sieb für die Siebdrucktechnik zu erstellen, ist diese Technik eine prima Alternative, bei der den Kindern auch deutlich wird, dass Andy Warhol sich seine Arbeit durch den Einsatz von Drucktechniken vereinfachte.
Im ALS-Verlag gibt es sogenannte Polyblock-Druckplatten im DIN-A4-Format zu kaufen. Diese sind aus einem elastischen Weichpolystyrol und lassen sich leicht mit der Schere in gewünschte Formen schneiden. Mit einem spitzen Gegenstand (Kugelschreiber oder spitzer Bleistift) lassen sich auch prima Linien und Muster einritzen.

Vorgehensweise

Einstieg

Bei der Betrachtung des Bildes „Grüne Coca-Cola®-Flaschen", 1962, kann mit den Kindern herausgearbeitet werden, was an dem Bild besonders ist:

- Als Motiv wird ein Markenartikel benutzt, den die Kinder auch heute noch sehr gut kennen.
- Die Marke Coca-Cola® galt damals als das Symbol des „American Way of Life" und hat auch heute noch große Bedeutung.
- Das Motiv wird oft wiederholt (Komposition der „Reihung"). Als Technik bedient sich Andy Warhol einer Drucktechnik, sonst wäre die Erstellung zu aufwändig.
- Das Original ist sehr groß (208,9 x 144,8 cm).

Es bietet sich an, mit den Kindern allgemein über Werbung zu sprechen, diverse Coca-Cola®-Werbungen zu sammeln, aber auch andere Produktwerbungen, die den Kindern im Moment wichtig und „cool" erscheinen, unter die Lupe zu nehmen.

Vorbereitung

Die Kinder entscheiden sich für ein Produkt ihrer Wahl, das kann die Cola-Flasche sein (Kopiervorlage oder eigene Zeichnung) oder zum Beispiel ein Auto, eine Süßigkeit oder auch ein Fantasie-Produkt.

Komposition

Jedes Kind zeichnet für sein Produkt eine Skizze in sein Skizzenheft und fertigt anhand der Skizze ein „Schnittmuster" auf dem DIN-A4-Blatt an. Dabei sollte das Motiv in etwa vier- bis fünfmal auf das DIN-A4-Blatt passen!
Die Komposition ist die „Reihung", so wie Andy Warhol es bei seinen Cola-Flaschen gemacht hat, immer „ordentlich" nebeneinander, Reihe für Reihe.

Vorbereitung des Untergrundes

Der Untergrund kann in ein oder zwei Farben angelegt werden. Besonders zügig geht dies mit Hilfe des Malschwammes. Dazu die Farbe mit dem Borstenpinsel im Farbkasten gut und mit viel Wasser anrühren und auf den schon feuchten Malschwamm auftragen. Mit dem Malschwamm anschließend möglichst in eine Richtung die Farbe auf das Blatt auftragen. Ist keine Farbe mehr auf dem Malschwamm, diesen wieder mit Hilfe des Borstenpinsels einfärben.

(Cola-)Flaschen im Stil von Warhol (3)

Drucken des Motivs:

Mit Hilfe des „Schnittmusters“ wird nun das Motiv aus der Polyblock-Platte ausgeschnitten und eventuelle Binnenmuster werden eingeritzt.

Achtung: Bei Schrift darauf achten, dass der Abdruck spiegelverkehrt erscheint!

Der so entstandene Druckstock wird mit Hilfe des Borstenpinsels und gut angerührter Wasserfarbe auf der Seite eingefärbt, auf der geritzt wurde.
Die eingefärbte Seite wird nun auf das zu bedruckende Papier gelegt. Jetzt die Druckplatte mit Hilfe der Finger möglichst an allen Stellen gut andrücken und anschließend wieder abziehen.
Dieser Vorgang wird so lange wiederholt, bis das Blatt voll ist.

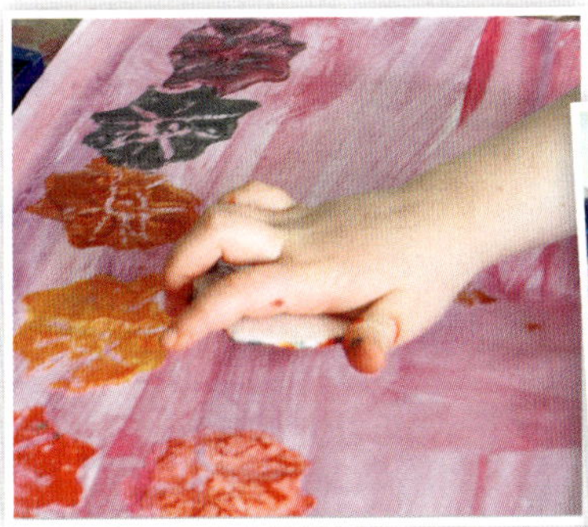

Tipp

Erproben Ihre Kinder diese Technik das erste Mal, sollten sie ein paar Probedrucke auf Schmier- oder Zeitungspapier ausführen, bevor das Malblatt bedruckt wird. Sind beim Abdruck die geritzten Linien nicht zu sehen, müssen diese eventuell nachgeritzt werden oder es wurde die Farbe mit zu viel Wasser aufgetragen!

Schrift

Das Coca-Cola®-Bild von Andy Warhol enthält auch den Schriftzug.
Die Kinder können versuchen, ebenfalls einen Schriftzug zu gestalten, die Glasoptik der Flasche nachzuempfinden (Riffelung) oder eine ganz eigene Aussage unter ihr Bild setzen. Diese könnte kritisch, lustig oder werbewirksam sein.

Hier einige Ideen meiner Kinder:
LECKER, LECKER! • DICKMACHER! • KINDERDROGE • HEUTE SCHON GENASCHT?

Die Kinder können die Texte am PC scheiben, sich Schriften aussuchen und in der gewünschten Größe ausdrucken. Der gedruckte Text kann ausgeschnitten und aufgeklebt werden.

Tipp

Bei uns waren aus dem ersten Schuljahr Buchstaben aus „Schwammmaterial" und aus Plastik vorhanden. Diese wurden von den Kindern auch gerne verwendet!

Präsentation

Eindrucksvoll wirken die Bilder, wenn sie nach Themengruppen zusammengefasst auf Tonpapier aufgeklebt und aufgehängt werden!

Kriterien zur Leistungsbewertung

1. Wie ist die Gestaltung des Motivs gelungen (Wiedererkennungswert)?
2. Wie ist der Hintergrund gelungen?
3. Passt die Farbauswahl zusammen?
4. Wie „gut" wurde gedruckt?
5. Wurde die Komposition beachtet (Gesamteindruck)?

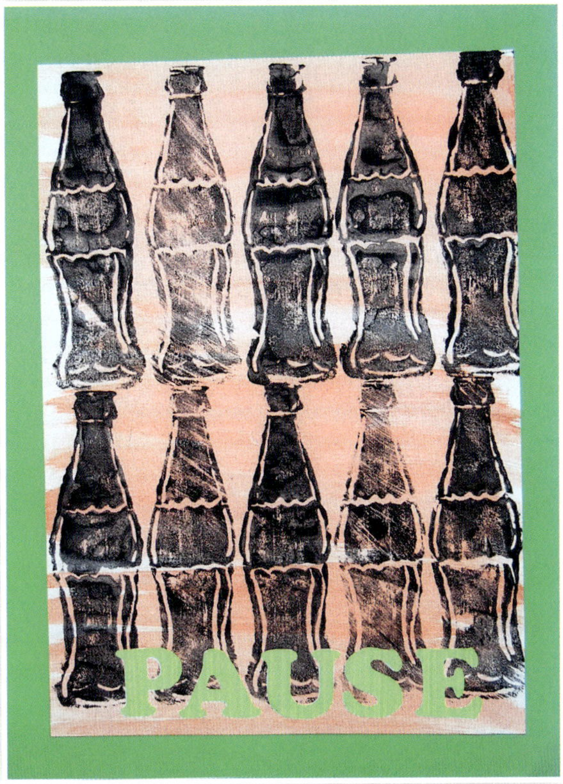
PAUSE

lecker, lecker!

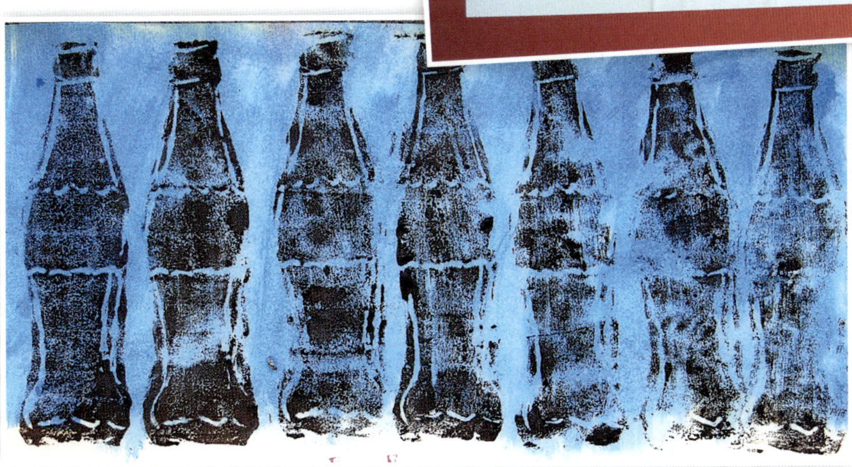

Kopiervorlage „Cola-Flasche“

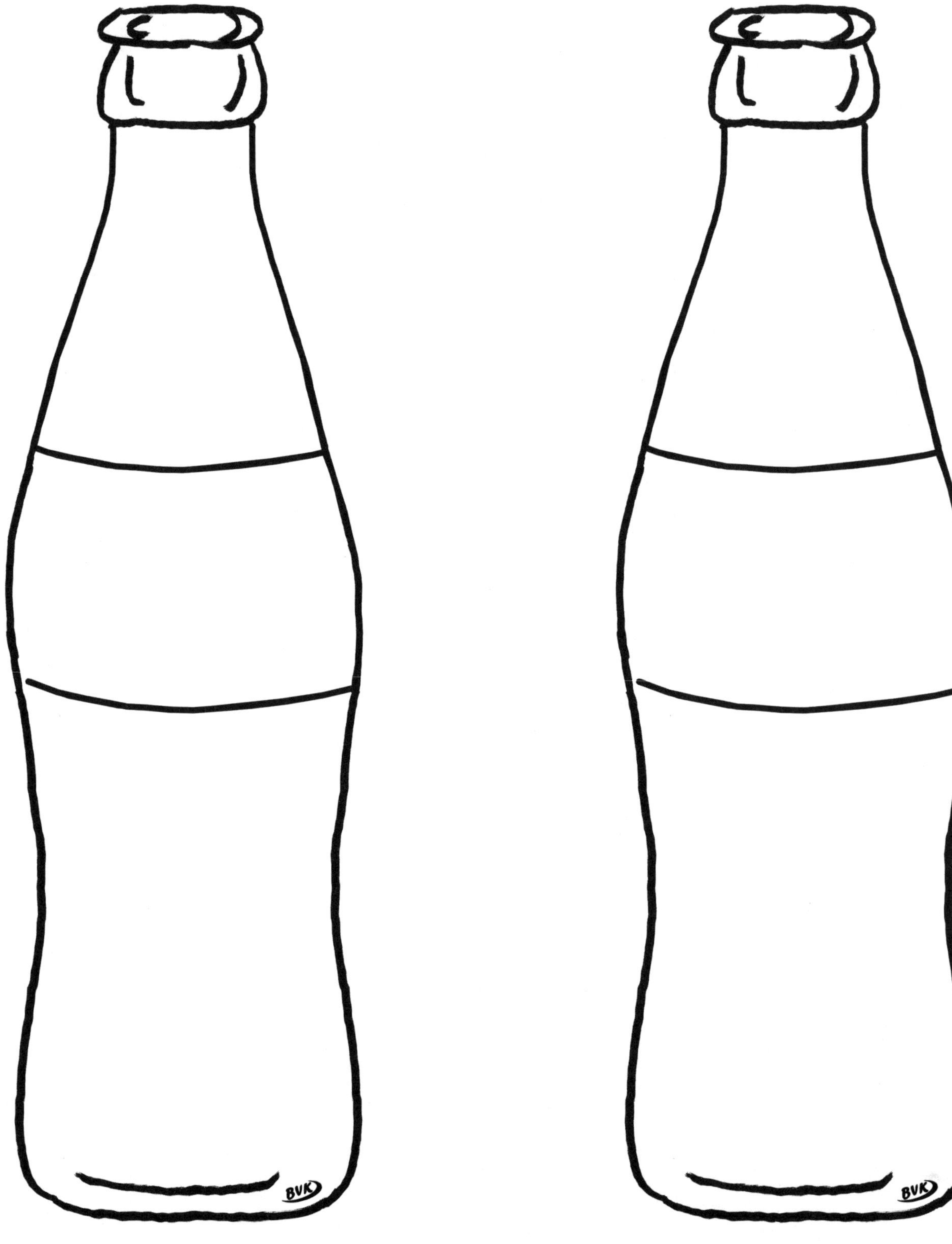

(Cola-)Flaschen im Stil von Warhol (5)

Variation des Themas

Dieses Gestaltungsthema lässt sich mit den unterschiedlichsten Motiven durchführen! Probieren Sie es mit Ihren Kindern aus. Hier eine kleine Ideensammlung.

Zu Ostern haben wir als Motiv den Hasen gewählt, Eier oder Küken wären auch denkbar.

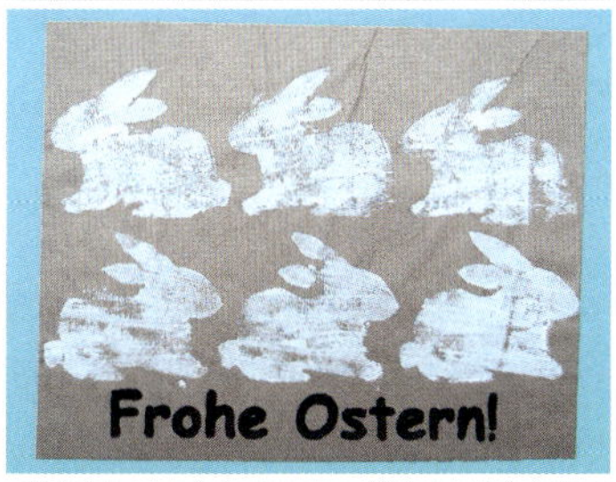

Blumen sind für Kinder leicht zu zeichnen und als Motiv immer geeignet.

Ein Muttertaggeschenk lässt sich mit Hilfe von Herzen erstellen.

Zu Weihnachten kommen Sterne als Motiv zum Zuge. Hier haben wir zum Drucken Moosgummireste verwendet.

Auch ein Tassenbild auf einem halbem DIN-A3-Format haben wir ausprobiert.

Zeit
1 – 2 Unterrichtsstunden

Material
für den einfachen Siebdruck
Material zum Herstellen von Schablonen (Papier, Pappe) Bleistift, Skizzenheft, Schere, einen Rahmen bespannt mit einem siebartigen Stoff (z. B. Gardine), Malpapier in DIN A3 (eventuell schon mit diversen Techniken farbig gestaltet), flüssige Farbe (Acryl oder Tempera / Abtönfarbe), kleine Lackierrolle, Einweghandschuhe (für die Kinder Größe XS)

für den Profi-Siebdruck
ein Siebdrucksieb mit fertigem Motiv (kann man sich anfertigen lassen, zum Beispiel unter *www.siebdruckversand.de,* oder selber herstellen), schon farbig gestaltete Hintergründe auf DIN-A3-Malpapier, Siebdruckfarbe, Rakel, Einweghandschuhe (für die Kinder Größe XS)

Bereiche & Schwerpunkte:
Erproben von Materialien und Techniken

Lernziele & Kompetenzerwartungen
- Anwenden aller bekannten Techniken zum Farbauftrag
- Erproben einer Drucktechnik
- Nutzen vorgegebener Motive als Gestaltungselemente
- **gliedern Flächen durch farbiges Gestalten**
- **erproben einfache Durchdruckverfahren**
- **kennen Möglichkeiten der Vervielfältigung in Druckverfahren und setzen sie in bildnerischer Absicht ein**

Hinweis
Diese Gestaltungsaufgabe hat nicht vorrangig das Ziel, ein tolles Endprodukt zu erzielen. Hier sollen die Kinder in erster Linie das Prinzip des Siebdruckes begreifen. Wenn man vorher mit den Kindern Hintergründe gestaltet hat, bei denen verschiedene Auftragsarten erprobt wurden, kann ein Siebdruck auf diesem Hintergrund zu einem Kunstwerk werden.
Der Profi-Siebdruck, in unserem Fall mit der Mickey Mouse, war der absolute Knüller! Dies ist auch eine schöne Idee für ein Schulfest mit dem Logo der Schule als Motiv!

Vorgehensweise
Hintergründe herstellen
Alle bisher bekannten Techniken zum Farbauftrag können hier zum Einsatz kommen:
- „normaler" Farbauftrag mit dem Pinsel
- Farbe mit dem Malschwämmchen auftragen
- Farbe aufsprenkeln, zum Beispiel mit der Zahnbürste oder einem Borstenpinsel
- Farbe mit der Noppenrolle auftragen …

Für den einfachen Siebdruck Schablonen herstellen

Beim Zeichnen der Schablonen müssen die Kinder darauf achten, dass die Motive „ausschneidbar" sind, also nicht zu schmale Formen entstehen.
Ansonsten ist alles erlaubt, was gefällt – oder Sie stellen ein Thema!

Tipp

Super geeignet für die Schablonen, die man für den einfachen Siebdruck benötigt, sind alte Plastikschnellhefter, aus denen man Formen mittig so ausschneidet, dass eine Positivform und eine Negativform entstehen.

Technik des einfachen Siebdrucks

Auf das Malpapier wird die Schablone gelegt. Anschließend fixiert das Sieb die Schablone auf dem Blatt, indem es darübergelegt wird.
Mit der Lackierrolle wird nun die Farbe durch das Sieb auf das Malpapier gerollt.
Dort, wo die Schablone liegt, bleibt das Papier von der Farbe verschont.

Dieser Vorgang kann öfters wiederholt werden. Dabei kann auch die Schablone gewechselt werden.

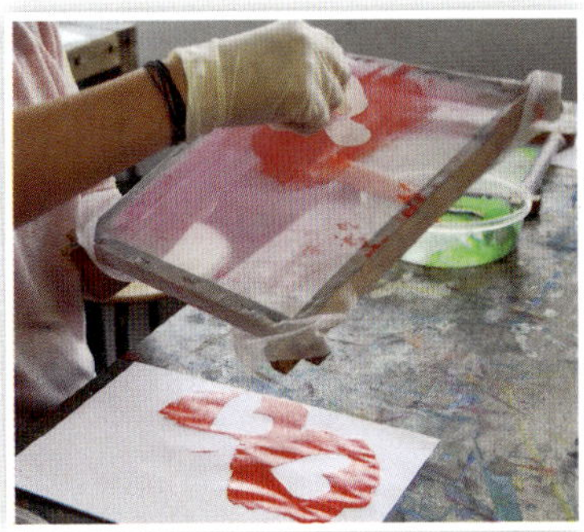

Profi-Siebdruck

Das Sieb habe ich zu Hause vorbereitet und auch den entsprechenden Tisch mitgebracht. Die Herstellung eines solchen Siebes ist mit Grundschülern und in „normalen" Schulräumen nicht zu leisten. Es gibt aber die Möglichkeit, mit Kindern ein Motiv zu entwickeln und davon ein Sieb herstellen zu lassen!
Das Sieb muss mit Siebdruckzwingen, die auf einem Tisch befestigt sind, eingespannt werden. Anschließend wird beim einfarbigen Siebdruck immer nur noch das Malpapier, auf welches gedruckt werden soll, gewechselt.
Die Kinder haben sich auf eine Farbe geeinigt und alle Kinder erhielten auf ihr gestaltetes Malpapier ihren Siebdruck. Ab dem 4. Schuljahr können die Kinder auch selbst drucken. Die Technik schauen sie sich am besten gemeinsam mit den Kindern bei YouTube an. Die Siebdruckfarbe ist zwar teuer, aber sehr ergiebig.

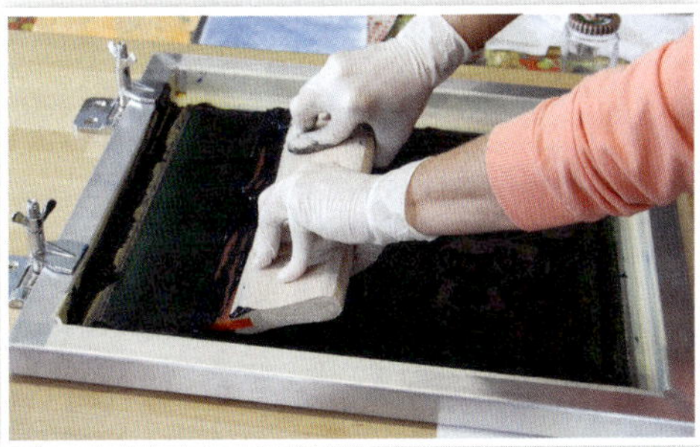

Roy Lichtenstein (1)

Roy Lichtenstein wurde am 27.10.1923 in New York als Sohn einer sogenannten „Mittelstandsfamilie" geboren. Auch wenn er während seiner Schulzeit keinen Kunstunterricht hatte, begann er, sich für das Zeichnen zu interessieren. Er besuchte daher in seinem letzten Schuljahr Sommerkurse an der New Yorker Art Students League bei Reginald Marsh. Der Künstler Pablo Picasso, dessen Bilder er bewunderte, beeinflusste zu der Zeit Lichtensteins Zeichnungen.
In seinem Kunststudium an der Ohio State University of Fine Arts beeinflusste ihn sein dortiger Lehrer Hoyt L. Sherman nachhaltig, der seine eigene Methode hatte, die Wahrnehmung seiner Studenten zu schulen.
Nach Abschluss seines Studiums mit dem „Master of Fine Arts" arbeitete Lichtenstein dort als Dozent.

Sein Durchbruch als Künstler gelang ihm erst mit knapp 40 Jahren. Er bekam Kontakt zu Robert Rauschenberg und Jasper Jones und traf auf Kaprow (der als Vater des Happenings gilt), der die Idee verfolgte, sich als Künstler Anregungen von Alltagsgegenständen und aus Alltagssituationen zu holen.
Ende der Fünfziger Jahre begann Lichtenstein, der zwei junge Söhne hatte, Kaugummiverpackungen zu zeichnen. Lichtenstein behauptete einmal, seine Kinder hätten ihn dazu angeregt, **Comic-Bilder** zu zeichnen. In der Literatur wird Kaprow genannt, der Lichtenstein dazu gebracht haben soll, eins der Kaugummipapiere großformatig zu malen.

1961 malte Lichtenstein das Bild „Look Mickey" im Stil der kommerziellen Druckverfahren mit Rasterung, scharf konturierten Figuren und Industriefarben (Grundfarben). Im selben Jahr folgten sechs weitere Comics.
Lichtenstein bot sie dem Galeristen Leo Castelli an. Kurze Zeit später zeigte auch Andy Warhol diesem Galeristen seine Bilder mit Comic-Figuren. Diese waren in Castellis Augen nicht so gut, so provozierend wie die Lichtensteins. Warhol malte daraufhin keine Comics mehr.
Roy Lichtenstein hatte sein künstlerisches Thema gefunden. Er setzte gedruckte Vorlagen um. Seine Motive entnahm er Comics mit Liebes- oder Kriegsgeschichten, Werbungen und Kleinanzeigen.
Er malte seine Bilder so, als seien sie von Maschinen gemacht. Im Gegensatz zu Andy Warhol druckte Roy Lichtenstein nicht.

Das typische Merkmal der Comics von Lichtenstein sind neben der schwarzen Umrandungen der Figuren und der begrenzten Auswahl an Farben die **Rasterpunkte.**
Mit diesen Rasterpunkten imitierte Lichtenstein das drucktechische Verfahren.
Auf dem Weg zu den Rasterpunkten experimentierte Lichtenstein mit verschiedenen Schablonen und auch der Frottage-Technik. Hierbei legte er unter das Papier eine Fläche mit Struktur, zum Beispiel ein Fliegengitter oder einen Maschendraht, und rieb mit einem Stift darüber. Das doch recht unregelmäßige Ergebnis störte ihn. So fing er an, verschiedene Arten von Maschendraht auf das Papier zu legen und mit Lithokreide zu betupfen.

Roy Lichtenstein

Roy Lichtenstein (2)

Er übertrug seine Zeichnungen mit Hilfe eines Overhead-Projektors auf die Leinwand und hatte Assistenten, die bestimmte Felder mit Rasterpunkten füllten.

1696 kamen zu den Rasterpunkten **diagonale Schraffuren** hinzu. So konnte er die Flächen abwechslungsreicher gestalten. Auch **Holzmaserungen** tauchten auf und im Laufe der Zeit änderten sich die Rasterpunkte. Sie konnten in einem Bild auch an Größe abnehmen, sodass es aussieht, als ob sie verschwinden.

Seine Motive fand Lichtenstein in der Kunst. Werke bekannter Künstler, wie zum Beispiel Léger, Matisse, Picasso, Mondrian, van Gogh und Cézanne, interpretierte Lichtenstein in seinem Stil neu. Aber auch bei der Art-Deco-Architektur holte er sich Anregungen und Motive.

Zu seinen „modernen" Bildern gehören auch die **„Modular-Bilder".** Diese quadratischen Bilder bestehen aus vier kleineren Quadraten, die dasselbe Motiv haben. Das Motiv besteht aus flächigen, geometrischen Formen mit harten Kanten. Die Farbfelder sehen aus wie gedruckt. Lichtenstein verarbeitete in seinen Modular-Bildern Art-Deco-Motive.

In den Siebziger und Achtziger Jahren begann Lichtenstein, in seinen Bildern verschiedene Künstler und deren Themen und Stile zu kombinieren.

Am 29. September 1997 starb Roy Lichtenstein in New York.
Er gilt als einer der Gründer der **Pop-Art** und ist neben Andy Warhol einer der bekanntesten Vertreter dieser Kunstrichtung.

Notiz

www.pop-art-kunst.de
www.lichtensteinfoundation.org (Diese Seite ist auf Englisch, aber informativ.)

Tipp

In *Kunst mit Kindern Band 1* finden Sie eine Gestaltungsaufgabe zu einem Comic-Bild im Stil von Roy Lichtenstein.

Info

Roy Lichtenstein wurde am 27.10.1923 in New York geboren. Er und seine Schwester hatten eine glückliche Kindheit. Schon als Teenager begann er, für sich zu malen.

Bekannt wurde Roy Lichtenstein durch seine Comics. Er übertrug mit Hilfe eines Diaprojektors Comic-Bilder auf die Leinwand und malte sie mit Pinsel und Farbe aus / an. Auf Comics brachten ihn seine beiden Söhne. Sie wünschten sich einen groß gemalten Donald Duck, wie aus ihrem Comic-Buch.

Aber nicht nur Comics gehörten zu Lichtensteins Themen. Auch Werbung und Werke bekannter Künstler nahm er als Anlass, diese in seinem Stil nachzugestalten.

Seine Bilder sind leicht zu erkennen. Er verwendete häufig Punktraster, schwarze Konturlinien und leuchtend bunte Farben, wie man sie in Comics findet.

Er gehört zu den bekanntesten Pop-Art-Künstlern, seine Bilder sind in der ganzen Welt bekannt und hängen in vielen bedeutenden Museen.

Am 29. September 1997 starb Roy Lichtenstein in New York.

Roy Lichtenstein

Modul-Bild im Stil von Roy Lichtenstein (1)

Roy Lichtenstein

Zeit

3 – 4 Unterrichtsstunden

Material

eine Abbildung eines „Modular Painting“, eventuell Kopiervorlage, quadratisches Malpapier (ca. 30 x 30 cm), eventuell zusätzlich pro Kind ein Viertel davon (ca. 15 x 15 cm) als Vorzeichenblatt, Lineal, Zirkel, Bleistift, Farbkasten, Pinsel, schwarzer Marker, Skizzenbuch

Bereiche & Schwerpunkte

Auseinandersetzung mit Bildern und Objekten, Farbiges Gestalten & Grafisches Gestalten

Lernziele & Kompetenzen

- Lineal und Zirkel kreativ einsetzen
- „Kopieren“ eines Motivs (entweder durch Zeichnung oder mit Hilfe des Kopierers)
- **erschließen sich zeitgenössische Kunstwerke und finden Bezüge für ihre eigene Gestaltung**
- **setzen bei der Gestaltung von Flächen grafische Mittel gezielt ein**
- **formen grafische Zeichen aus und entdecken neue Bildzeichen**
- **erweitern ihre technischen Fertigkeiten im Umgang mit Farben**
- **experimentieren mit Farbwirkungen**

Info

Die Modular Paintings von Roy Lichtenstein ähneln der „Hard-Edge Malerei“. Diese Malerei zeichnet sich durch flächige, geometrische Formen mit harten Kanten aus. Die Farbflächen werden wie gedruckt einfarbig eingefärbt und die Farbfelder scharf mit Schwarz abgegrenzt.
Lichtenstein sah in diesen Bildern eher eine Form der dekorativen Kunst ohne tiefere Bedeutung.

Tipp

Dieses Thema eignet sich besonders nach einer Unterrichtseinheit „Zeichnen mit dem Zirkel“ im Mathematikunterricht und stellt einen wunderbaren Bezug zwischen Kunst und Mathematik her. Ihre Kinder werden hoch motiviert sein und viel Spaß an diesem Thema haben!
Nutzen Sie die Kopiervorlage, kopieren Sie diese viermal und fertigen Sie Ihr eigenes „Modular-Bild“ an. Sie können es Ihren Kindern gut als Beispielbild präsentieren.

Einstieg

Eine Abbildung eines farbigen „Modular Paintings“ (finden Sie bei Google) dient als Motivation und Verbildlichung der Aufgabenstellung.
Gut ist es auch, wenn Sie mit Hilfe der Kopiervorlage ein Beispielbild angefertigt haben. Ein toller Einstieg bietet auch ein Puzzle. Zerschneiden Sie das Beispielbild in einige Teile und lassen Sie die Kinder das Bild wieder zusammensetzen. Zur besseren Haltbarkeit kann ein solches Puzzle auch laminiert werden.

Modul-Bild im Stil von Roy Lichtenstein (2)

Den Aufbau eines solchen Bildes können Sie dann den Kindern anschaulich verdeutlichen, wenn Sie die Kopiervorlage viermal kopiert und zurechtgeschnitten zusätzlich als Anschauungsmittel nutzen.

Bei der Betrachtung arbeiten Sie mit den Kindern folgende Punkte heraus:

- Geometrische Formen werden verwendet.
- Kreisbögen und Gerade / Diagonale wurden angeordnet.
- Das Bild ist in vier Quadrate unterteilt.
- In jedem Quadrat wird das gleiche Bild (durch Verschiebung) wiederholt.
- Die Flächen sind einfarbig (plakativ) ausgemalt.
- Als Farben sind meist die Grundfarben, Schwarz und Weiß gewählt.
- Einige Felder sind gerastert.

Hinweis

Die Rasterpunkte sind zwar ein typisches Markenzeichen von Lichtenstein, lassen sich jedoch im Kleinen nicht so gut mit Kindern erstellen. Daher habe ich bei diesem Thema auf die Rasterpunkte verzichtet.

Aufgabenstellung

Konstruiere mit Lineal und Zirkel ein geometrisches Bild, welches du viermal identisch aufzeichnen kannst. Zeichne also so, dass du alle wichtigen Punkte leicht abmessen kannst.

Vorgehensweise

Die Grundidee kann auch zuerst von den Kindern in ihrem Skizzenbuch freihandzeichnend entwickelt und erst anschließend bei der Reinzeichnung mit Lineal und Zirkel konstruiert werden.
Das große Malpapier wird so gefaltet, dass vier quadratische Felder entstehen.
Bei DIN-A3-Papier entspricht ein Feld etwa 15 cm im Quadrat. Daher ist es hilfreich, jedem Kind als Vorzeichenblatt ein Quadrat von 15 x 15 cm zu geben. Diese Vorzeichnung hilft bei der Vervierfachung der Zeichnung, da manche Kinder ihr Bild sonst „spiegeln", anstatt es zu „verschieben". Also viel Mathematik in der Kunst!

Skizze

Der Entwurf aus dem Skizzenbuch wird nun genau mit Zirkel und Lineal auf das Vorzeichenpapier (15 x 15 cm) aufgezeichnet. Dabei sollen nicht zu viele Details gezeichnet werden. Je mehr Linien und Kreisbögen, desto schwieriger wird die Vervielfältigung.

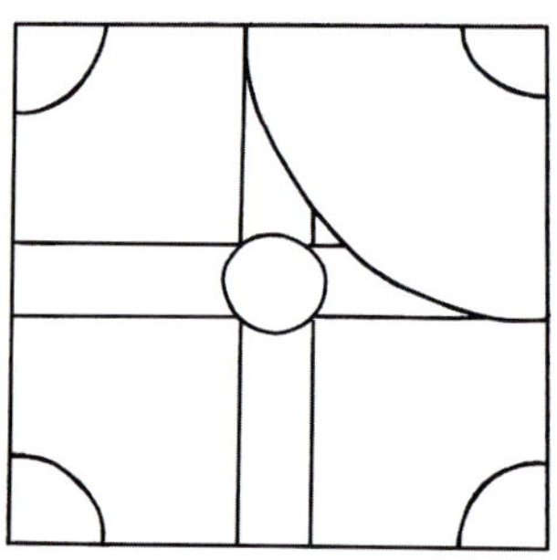

Vorzeichnung

Die Vorzeichnung wird nun auf das gefaltete Malpapier übertragen. Dabei ist es wichtig darauf zu achten, dass jedes Quadrat als Verschiebung gezeichnet wird. Die Randpunkte auf der Vorzeichnung dienen zur Kontrolle.

Roy Lichtenstein

Tipp

Für „zeichenschwache" Kinder kann auch das eine gezeichnete Quadrat noch dreimal kopiert werden. Die vier Quadrate werden dann einfach aufgeklebt.

Farbige Gestaltung

Bei der Farbwahl können Sie Vorgaben machen:
a) nur Grundfarben
b) nur Blau- (oder Rot- oder Gelb-) Töne
c) nur kalte / warme Farben
d) freie Farbwahl

Beim Ausmalen der Flächen ist es wichtig, dass jede Fläche äußerst sorgfältig und absolut einfarbig (plakativ) – also ohne, dass Pinselstriche zu sehen sind – ausgemalt wird. Dazu müssen die Farben gut angerührt (bis Bläschen zu sehen sind) und mit nur wenig Wasser aufgetragen werden. Einige Felder dürfen weiß bleiben, andere können auch schwarz (kleine Flächen mit dem Marker) ausgemalt werden.

Tipp

Die farbige Ausgestaltung kann auch mit Buntstiften oder Filzstiften erfolgen.
Bei Buntstiften muss nur fest und gleichmäßig aufgedrückt werden.

Konturen

Ist das Bild gut durchgetrocknet, werden die Konturen mit einem schwarzen Marker nachgezogen. Bei geraden Linien ist ein Lineal unentbehrlich, Kreisbögen müssen mit ruhiger Hand und geduldig nachgezogen werden.

Kriterien zur Leistungsbewertung

a) Zeichnung
   1. Idee und Einfallsreichtum, dabei gilt: Weniger ist oft mehr!
   2. Wurde die Zeichnung viermal gleich aufgezeichnet?

b) farbige Ausgestaltung
   1. Sind alle Flächen „plakativ", also wie gedruckt einfarbig ausgemalt?
   2. Stimmt die Farbauswahl (laut Vorgaben)?
   3. Wurde „sauber" gearbeitet?
   4. Wurden die Konturen exakt nachgezeichnet?

Variation des Themas

Die Modular-Paintings von Lichtenstein sind oft über 2 x 2 Meter groß!
Ein Modular-Bild kann also auch gut in Gruppenarbeit von je vier Kindern als Gemeinschaftsprojekt im Großformat erstellt werden.
Dazu muss ein Entwurf ausgewählt werden, der jeweils auf ein quadratisch geschnittenes DIN-A3-Papier (oder auch DIN-A4-Papier) übertragen und farbig gestaltet wird. Anschließend werden die vier Einzelbilder zu einem Bild zusammengefügt.
Wichtig ist, dass die Gruppe sich genau mit den Farben abspricht und gut zusammenarbeitet!

Kopiervorlage „Modul“

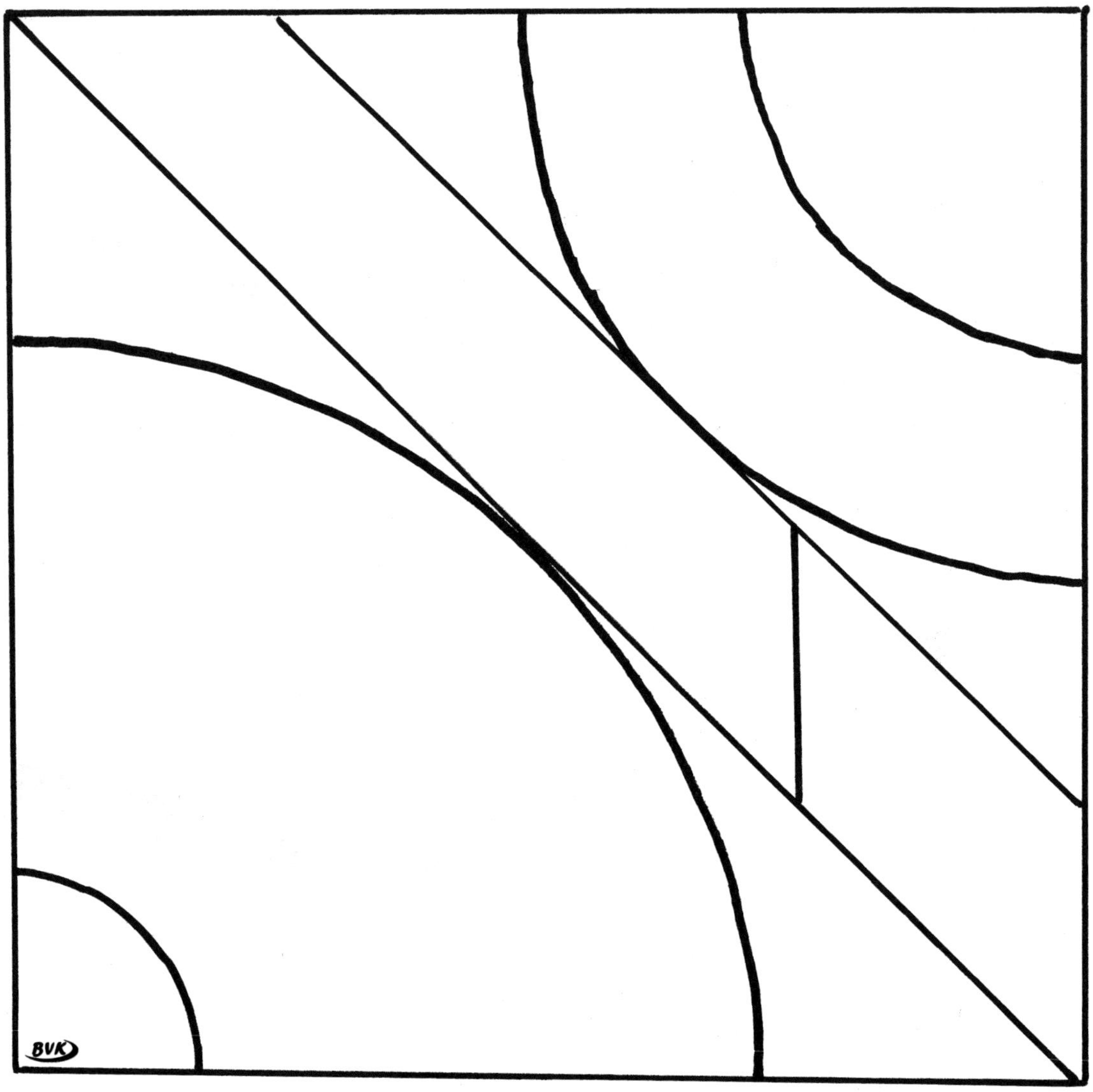

Schülerarbeiten

Mein Porträt im Stil von Roy Lichtenstein (1)

Zeit
3 – 4 Unterrichtsstunden

Material
eine Abbildung eines Comic-Bildes mit der Darstellung eines Gesichtes (z. B. „Shipboard Girl", „I Know … Brad", „Drowning Girl"), Foto von jedem Kind auf DIN-A3-Malpapier kopiert, schwarzer Marker, Malunterlage, Farbkasten mit Deckweiß, Borstenpinsel, Punkteraster (s. Info unten)

Bereiche & Schwerpunkte
Auseinandersetzung mit Bildern, Gestalten mit technisch-visuellen Medien und Farbiges Gestalten mit den Schwerpunkten Kunst entdecken, Erproben von Materialien und Techniken, Zielgerichtet gestalten und Präsentieren

Lernziele & **Kompetenzerwartungen**
- deckender Farbauftrag mit dem Pinsel
- Nutzen der Fotografie als „Vorzeichnung"
- Nutzen eines Punkterasters als Gestaltungselement
- **erschließen sich ausgewählte historische und zeitgenössische Kunstwerke und finden Bezüge für die eigene Gestaltung**
- **fotografieren andere Kinder**
- **verändern Fotografien und Bilder in Kopierprozessen und gestalten sie um**
- **gliedern Flächen durch farbiges Gestalten**
- **experimentieren mit Farbwirkungen und reflektieren sie**

Roy Lichtenstein

Info
Typisch für Lichtensteins Bilder sind die **Rasterpunkte.** Dazu verwendete er eine Schablone, zeichnete die Punkte auf und malte diese mit der Hand aus. Häufig setzte er auch Assistenten ein, die für ihn diese Rasterpunkte ausmalten.
Für die Arbeit mit den Kindern eignen sich die „Trägerpappen" der Wendeplättchen für den Mathematikunterricht hervorragend als Rasterschablone. Diese findet man in den Mathebüchern des 1. Schuljahres oder kann sie separat als Klassensatz kaufen (z. B. bei Klett). Es gibt im Baumarkt auch Metallplatten mit diesem Lochmuster zu kaufen.

Vorgehensweise

Vorbereitung

Von jedem Kind muss ein Porträtfoto von vorne oder leicht von der Seite angefertigt werden. Dabei ist es wichtig, einen möglichst ruhigen Hintergrund zu wählen. Dies kann zum Beispiel eine Klassenzimmertür oder eine einfarbige Wand sein.
Zeitsparend arbeiten Sie, wenn Sie als Lehrer jedes Kind einzeln fotografieren. Für die Kinder spannender ist es, sich in kleinen Teams von ca. vier Kindern gegenseitig zu fotografieren.
Fotografieren sich die Kinder gegenseitig, muss der **Begriff „Porträt"** vorher geklärt werden. Von jedem Kind sollten etwa drei bis fünf Fotos gemacht werden, aus denen sich das Kind sein Lieblingsfoto aussuchen darf. Bei Kindern mit Zöpfen oder Pferdeschwanz darauf achten, dass diese(r) auch sichtbar sind (ist).

Die Fotos werden in Schwarzweiß auf DIN A4 ausgedruckt. Diese ausgedruckten Fotos werden in DIN A4 mittig auf DIN-A3-Malpapier kopiert.

Zeichnung

Achtung: Für die Zeichnung brauchen die Kinder eine Unterlage (Malunterlage, Zeitungspapier, Wachstuchdecke o. Ä.), da die Zeichnung mit dem schwarzen Marker sonst Spuren auf dem Tisch hinterlässt, die nur schwer zu entfernen sind!

Die Kinder zeichnen nun auf dem Foto die wichtigsten Formen und Konturen mit dem Marker nach.

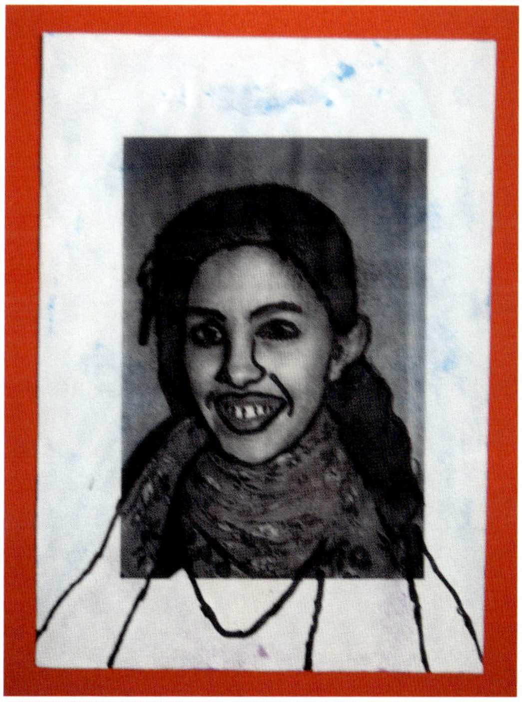

Schülerarbeiten

Zuletzt wird das Blatt umgedreht und auf der Rückseite des Malblattes werden die sichtbaren Linien nochmals mit dem schwarzen Marker nachgezeichnet.

Mein Porträt im Stil von Roy Lichtenstein (3)

Malen

Die entstandenen Flächen malen die Kinder nun plakativ einfarbig an. Dazu müssen die Farben im Farbkasten gut angerührt (bis Bläschen entstehen) und mit wenig Wasser auf das Papier aufgetragen werden.
Beim Ausmalen der Flächen ist es also wichtig, darauf zu achten, dass möglichst keine Pinselstriche zu sehen sind. Eventuell ist es bei einigen Kindern notwendig, eine Fläche nach dem Trocknen noch einmal mit derselben Farbe zu übermalen.

Die Farben können frei gewählt werden und müssen zum Beispiel bei den Haaren nicht der Wirklichkeit entsprechen – auch grüne Haare sind erlaubt! Für die Gesichtsfarbe haben wir Ocker mit Weiß gemischt.

Rasterpunkte

Ist das Bild gut durchgetrocknet, kommen die Rasterpunkte ins Spiel. Dazu suchen sich die Kinder aus, ob der Hintergrund oder das Kleidungsstück zu rastern ist.
Ich habe den Kindern auch freigestellt, ob sie die Rasterpunkte ganz schwärzen wollen oder nur die „Kringel" lassen möchten (s. Schülerbeispiele). Mit Hilfe der Rasterschablone und dem Marker werden nun die Punkte gezeichnet. Diese Arbeit erfordert etwas Geduld und Ausdauer, besonders wenn alle Punkte geschwärzt werden!
Beim Verschieben der Rasterschablone müssen immer die letzten Punkte in der ersten Reihe des Rasters erscheinen, damit die ganze Sache nicht schief wird.
Zum Schluss werden alle Konturen noch einmal mit dem schwarzen Marker nachgezogen.

Eine andere Möglichkeit ist es, eine Metallschablone unter die zu rasternde Fläche zu legen und mit einem Wachsmalstift – möglichst in einem ähnlichen Farbton wie die Farbfläche – die Farbfläche nochmals zu „übermalen".
Wer möchte, kann auch noch eine Sprechblase auf einem Extrapapier anfertigen, ausschneiden und ins Bild kleben!

Präsentation

Es lohnt sich, diese Bilder auf farbiges Tonpapier zu kleben und in Bilderrahmen zu hängen. Sie können als Dekoration auch über einen längeren Zeitraum hängen bleiben.
Diese Bilder haben insbesondere die Eltern begeistert, die möglichst bald die Ergebnisse mit nach Hause nehmen wollten!

Kriterien zur Leistungsbewertung

1. Wurden bei der Zeichnung alle wichtigen Einzelheiten berücksichtigt?
2. Ist die Person wiederzuerkennen?
3. Wurden alle Flächen gleichmäßig (plakativ) ausgemalt?
4. Passt die Farbauswahl zusammen?
5. Wurden die Rasterpunkte regelmäßig gezeichnet?
6. Wenn die Fotos von den Kindern gemacht wurden, kann auch die Zusammenarbeit im Team mit in die Bewertung einfließen.

COOL

Perfect Painting & Imperfect Painting (Collage) (1)

Zeit
2–3 Unterrichtsstunden

Material
eine Abbildung eines Perfect Paintings und eines Imperfect Paintings von Lichtenstein (unter „Bilder" googeln!), farbiges Tonpapier in den Grundfarben (Rot, Gelb, Blau) und Schwarz und Weiß, auf farbiges Tonpapier kopiert die Kopiervorlagen „Punkteraster" und „Schraffur" (s. S. 59 und 60) – auch in den Grundfarben und in Schwarz-Weiß, Lineal, Bleistift, Schere, Klebestift, schwarzer Marker, Klebeunterlage, ein Blatt weißes Papier (Zeichen- oder Malpapier) in DIN A3, Skizzenbuch und Buntstifte

Bereiche & Schwerpunkte
Auseinandersetzung mit Bildern und Farbiges Gestalten mit den Schwerpunkten Kunst entdecken, Erproben von Materialien und Techniken, zielgerichtet Gestalten und Präsentieren

Lernziele & **Kompetenzerwartungen**
- Collage als künstlerische Technik erfahren
- Nutzen von Punkteraster und Streifen als Gestaltungselement
- **erschließen sich ausgewählte historische und zeitgenössische Kunstwerke und finden Bezüge für die eigene Gestaltung**
- **gliedern Flächen durch farbiges Gestalten**
- **experimentieren mit Farbwirkungen und reflektieren sie**

Info
Typisch für Lichtensteins Bilder sind die **Rasterpunkte** und die diagonalen Schraffuren, die er oft miteinander kombinierte, um Bildflächen abwechslungsreich zu gestalten. Für die Arbeit mit den Kindern an der „Perfect"- oder „Imperfect"-Collage erhalten die Kinder der Einfachheit halber schon Farbflächen mit Rasterpunkten oder Schraffuren, aus denen sie die Farbfelder zuschneiden.

In Anlehnung an Mondrian entwickelte Roy Lichtenstein seine **Perfect- / Imperfect-Bilder.** Er versteht sie als die totale Abstraktion einer Form. Dabei verwendete er gerade Linien, die die Bildfläche in alle Richtungen „zerteilen" und durch Überschneidungen Felder ergeben. Diese Felder gestaltete er in den Grundfarben, rasterte sie mit Punkten oder schraffierte sie.

Der Unterschied zwischen einem Perfect-Painting und einem Imperfect-Painting besteht darin, dass sich beim Perfect-Painting alle Flächen innerhalb des Bildformates befinden, beim Imperfect-Painting einige Flächen über den Bildrand hinausgehen.

Schülerbeispiel Perfect-Painting

Schülerbeispiel Imperfect-Painting

Vorgehensweise

Einstieg

Wichtig ist es, mit den Kindern genau den Unterschied zwischen Perfect- und Imperfect-Bildern herauszuarbeiten.
Dies geschieht am besten im Vergleich zweier Werke von Lichtenstein. Wenn sie keine Vorlagen finden, vergrößern Sie die Beispiele von Seite 55 (möglichst farbig).

Vorbereitung

Für die Kinder muss ausreichend Papiermaterial zum Zerschneiden vorhanden sein. Eventuell müssen Sie als Lehrer nach Wunsch der Kinder noch Punkterasterpapier oder Papier mit Schraffuren nachkopieren.

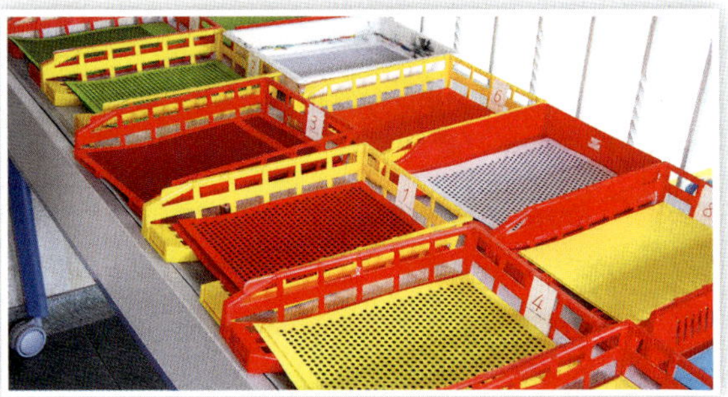

Zeichnung

Es bietet sich auf jeden Fall an, dass die Kinder zuerst Skizzen in ihrem Skizzenbuch anfertigen. Bei diesen Skizzen sollte noch kein Lineal verwendet, sondern eine Komposition entworfen werden. Außerdem sollte jedes Kind überlegen, ob sein Werk ein Perfect- oder Imperfect-Bild werden soll.
Wichtig ist, dass jede Linie an einer Seite beginnt und an der anderen Seite endet. Dabei sollen geometrische Flächen wie Dreiecke oder Vierecke entstehen. Beim Imperfect-Bild ragen einige Flächen sogar über den Bildrand hinaus.

Nun wird auf dem DIN-A3-Blatt die Skizze mit Lineal und Bleistift aufgezeichnet. Beim Imperfect-Bild kann an der Stelle, wo die Form aus dem Bildformat herausragt, ein Stück weißes Papier (DIN A4) von hinten angeklebt werden.
Diese Zeichnung muss als „Schnittmuster" für jedes Kind einmal kopiert werden.
Beim Imperfect-Bild ist etwas Improvisation gefragt.

Die Originalzeichnung wird nun aufgeklebt, die Kopie wird zerschnitten. Je nach Zeichnung empfiehlt es sich, die Felder auf Original und Kopie zu nummerieren, damit klar ist, welche Form auf welches Feld geklebt werden soll.

Farbige Gestaltung

Zuerst wird die Zeichnung im Skizzenbuch farbig angelegt und genau überlegt, welche Felder ein Punkteraster, welche Schraffuren erhalten.
Nach dieser Farbskizze werden nun aus den farbigen Papieren die entsprechenden Felder mit Hilfe der zerschnittenen Kopie ausgeschnitten. Dabei ist sorgfältiges Arbeiten oberstes Gebot!
Beim Aufkleben der Farbfelder den Klebstoff auf der Rückseite aufstreichen.
Die Kinder unbedingt oft genug darauf hinweisen!
Beim Aufstreichen des Klebstoffs besonders die Ecken einstreichen (Klebeunterlage!).

Konturen

Sind alle Farbflächen aufgeklebt und der Klebstoff getrocknet (möglichst einen Tag warten), werden alle Konturen mit dem schwarzen Marker und einem Lineal nachgezogen. Dabei die Kinder darauf hinweisen, dass das Lineal so aufgelegt wird, dass die etwas abgeschrägte Seite auf dem Papier liegt und es somit nicht direkt berührt. Sonst verschmiert die Linie beim Wegnehmen des Lineals.
Am besten lassen Sie die Kinder auf einem Schmierpapier üben.

Präsentation

Es lohnt sich, diese Bilder auf farbiges Tonpapier zu kleben und in Bilderrahmen zu hängen. Sie können als Dekoration auch über einen längeren Zeitraum hängen bleiben. Lehrreich für die Betrachter-Kinder ist es, wenn Sie Perfect- und Imperfect-Bilder untereinander hängen und entsprechend beschriften.

Kriterien zur Leistungsbewertung

1. Beginnt jede Linie an einer Seite und endet an der anderen Seite?
2. Entstanden bei der Zeichnung Dreiecke und Vierecke?
3. Ist deutlich zu erkennen, ob es ein Perfect- oder Imperfect-Bild sein soll?
4. Wurden alle Flächen sorgfältig beklebt?
5. Wie ist das Verhältnis zwischen einfarbigen Flächen und Punkterastern bzw. Streifen?
6. Wurden die Konturlinien sorgfältig nachgezogen?

Variation des Themas

Wenn Sie die Möglichkeit haben, die Kinder am **Computer** arbeiten zu lassen, können solche Bilder auch im Programm „Paint" erstellt werden. Einzig die Rasterpunkte lassen sich nicht erstellen. Dafür ist das Ziehen der Linien und das Einfärben der Flächen relativ leicht von den Kindern zu bewältigen und die Kinder haben schnell ein Erfolgserlebnis. Auch für „schnelle" Kinder ist diese Arbeit eine willkommene Zusatzaufgabe.

Kopiervorlage „Punkteraster“

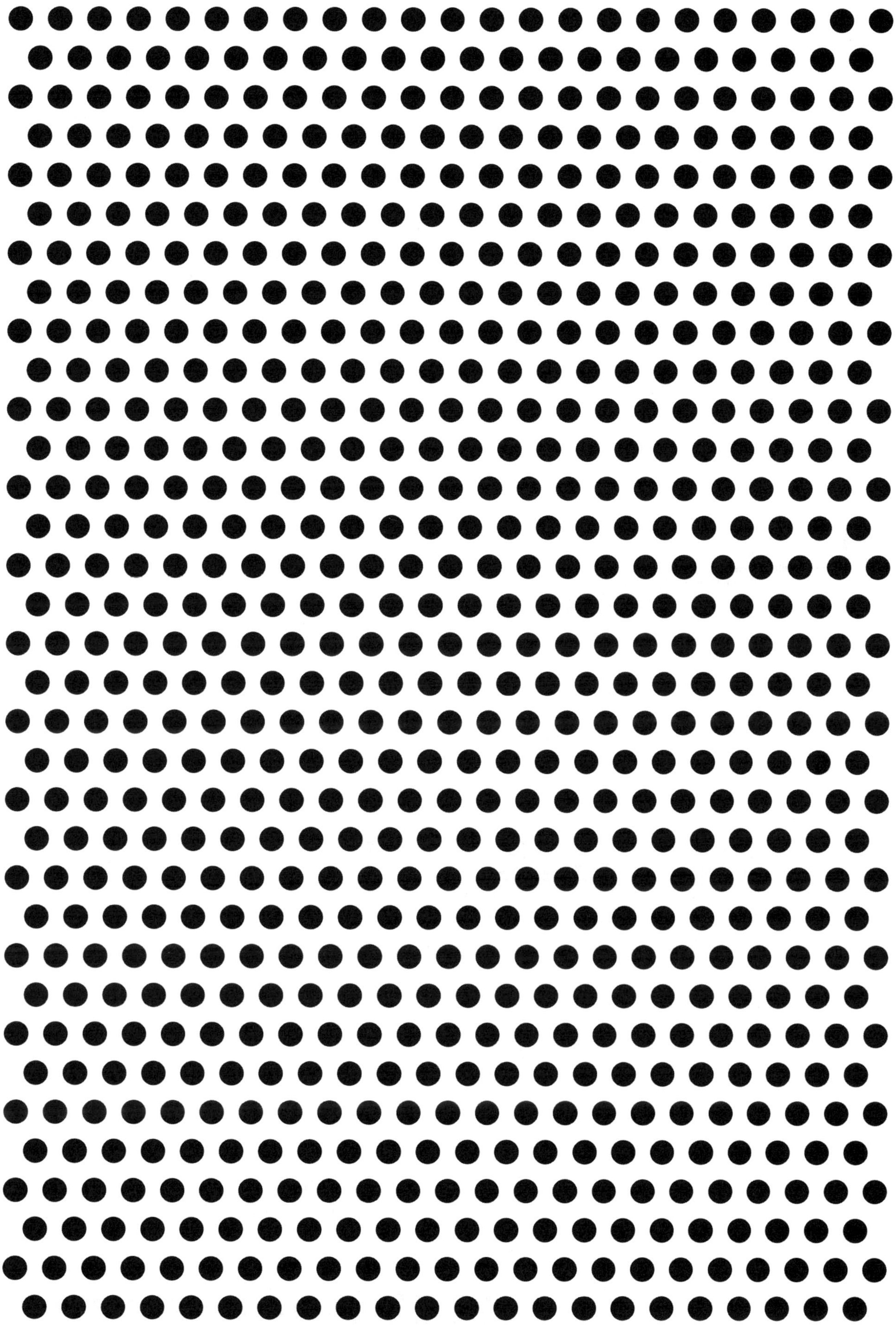

Kopiervorlage „Schraffur“

Bilder „uminterpretieren“ im Stil von Roy Lichtenstein (1)

Am Beispiel von van Goghs Bild „Vincents Schlafzimmer in Arles“

Zeit
3 – 4 Unterrichtsstunden

Material
eine Abbildung des Bilds „Bedroom“ von Roy Lichtenstein (googeln unter van Gogh Lichtenstein – Bilder) und eine Abbildung des Original-Bildes von van Gogh, eventuell Kopiervorlage, Malpapier, Farbkasten, schwarzer Marker

Bereiche & Schwerpunkte
Auseinandersetzung mit Bildern, Farbiges Gestalten mit den Schwerpunkten Kunst entdecken, Erproben von Materialien und Techniken, zielgerichtet Gestalten und Präsentieren

Lernziele & **Kompetenzerwartungen**
- experimenteller Farbauftrag mit dem Pinsel
- Nutzen der Kopiervorlage als „Vorzeichnung“ oder Anregung
- **erschließen sich ausgewählte historische und zeitgenössische Kunstwerke und finden Bezüge für die eigene Gestaltung**
- **gliedern Flächen durch farbiges Gestalten**
- **experimentieren mit Farbwirkungen und reflektieren sie**

Info
Vincent van Gogh, geboren 1853, gestorben 1890, malte 1889 sein Zimmer in Arles. Dieses Bild wurde von Roy Lichtenstein im Pop-Art-Stil nachgemalt.
Das Thema kam bei uns zustande, nachdem ein Kind diese Abbildung mitbrachte. Wir haben dann besprochen, dass es durchaus in der Kunst üblich ist, „alte“ Kunstwerke als Anlass für eigene Bilder zu nehmen. So, wie wir das im Kunstunterricht ja auch machen!

Vorgehensweise
Nach der Bildbetrachtung vom Original van Goghs und der „Interpretation“ Roy Lichtensteins gab es folgende Gestaltungsaufgabe:
a) Gestalte das Zimmer von van Gogh in deinem Stil.
b) Gestalte dein eigenes Zimmer.
Beides sollte in Anlehnung an den Pop-Art-Stil erfolgen! Frage: Kann man Pop-Art mit der impressionistischen Malweise van Goghs kombinieren?

Vorzeichnung
Die Kopiervorlage diente den Kindern nur zur Anregung und als Kompositionshilfe für die eigene Vorzeichnung.

Herausgearbeitet wurden folgende Punkte:
- Fleckhaftes Auftragen der Farbe bei van Gogh
- Schwarze Konturen bei Lichtenstein

Malerische Umsetzung

Zuerst werden die Flächen einfarbig angelegt, anschließend mit strichhaften Pinselstrichen bearbeitet. Erstaunlicherweise bewiesen die Kinder beim Malen eine unglaubliche Geduld und arbeiteten auch konzentrierter als sonst!

Konturen

Die fertigen, gut getrockneten Bilder erhalten anschließend ihre Konturen. Wir haben einige Bilder ohne und einige Bilder mit Kontur fotografiert.

Schülerarbeiten

Kriterien zur Leistungsbewertung

Die Kinder bekamen hier wenig Vorgaben und viel Freiheit für eigene Kreativität, sodass wir gemeinsam die Bilder nach dem Gesamteindruck bewertet haben.

Schülerarbeiten

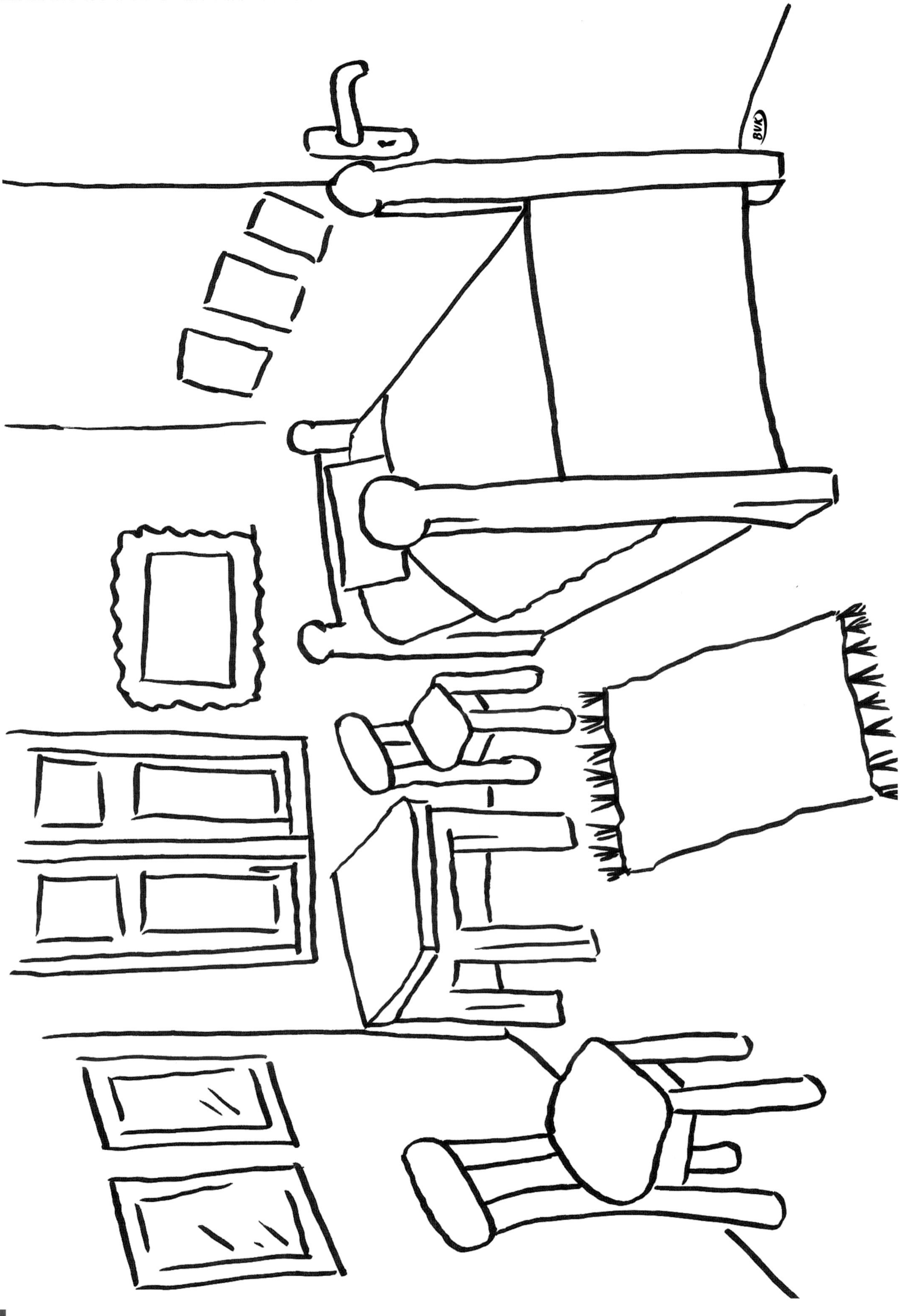

Am Beispiel von van Goghs Bild „Zwölf Sonnenblumen in einer Vase“

Zeit
3 – 4 Unterrichtsstunden

Material
Abbildungen von Blumen und Pflanzen (z. B. aus Prospekten einer Gärtnerei oder aus Garten-Zeitschriften), pro Kind benötigt man schon rund 6 Prospekte!
Kopiervorlage „Vase ohne Blumen“ für jedes Kind in DIN A3, zum Aufhängen in der Klasse etwa 3 Kopiervorlagen „Vase mit Blumen“ in DIN A3, Farbkasten, schwarzer Marker, Schere, Klebestift

Bereiche & Schwerpunkte
Auseinandersetzung mit Bildern, Farbiges Gestalten mit den Schwerpunkten: Kunst entdecken, Erproben von Materialien und Techniken, Zielgerichtet gestalten und Präsentieren

Lernziele & **Kompetenzerwartungen**
- deckender Farbauftrag mit dem Pinsel
- Nutzen der Kopiervorlage als Ausgangspunkt für die eigene Bildgestaltung
- **erschließen sich ausgewählte historische und zeitgenössische Kunstwerke und finden Bezüge für die eigene Gestaltung**
- **gliedern Flächen durch farbiges Gestalten**
- **experimentieren mit Farbwirkungen und reflektieren sie**
- **setzen farbige Materialien zum Collagieren, Ausgestalten und Akzentuieren ein**

Info
In Band 2 der Reihe „Kunst mit Kindern“ finden Sie auch ein Gestaltungsthema zu van Goghs Sonnenblumen, gemalt im August 1889. Dieses Bild ist sicher eins seiner bekanntesten Kunstwerke. Da es auch als Poster in unserer Schule zu finden ist, war es für die Kinder schnell ein weiteres Bild, welches zur Pop-Art umgewandelt werden sollte. Als Variation zum Malen habe ich mit den Kindern die Collage erprobt.

Der Begriff „Collage“ kommt von „papier collé“ (geklebtes Papier) und bedeutet, dass ausgesuchte Papiere in ausgeschnittener Form aufgeklebt werden.

Vorgehensweise
Jedes Kind erhält eine Kopiervorlage, auf der „nur“ die Vase vorgegeben ist. Das hilft bei der Gesamtkomposition, da Kinder immer dazu neigen, die Motive zu klein zu zeichnen.
Die Kopiervorlage mit den Blumen dient den Kindern als Kompositionshilfe.

Hintergrund
Der Hintergrund und die Vase werden plakativ, also einfarbig und deckend angelegt.

Blumen
Auf Abbildungen von Pflanzen, Blumen und Ähnlichem (aus Prospekten von Gärtnereien, Gartenzeitschriften ...) werden mit Hilfe eines dicken schwarzen Markers Blüten in einfacher Form freihändig aufgezeichnet. Diese sollten in etwa einen Durchmesser von rund 6 cm haben.
Die „Blüten“ werden dann so ausgeschnitten, dass außen der schwarze Rand bleibt. Eventuell muss dieser nochmal nachgezogen werden. Benötigt werden etwa 20 – 25 Blüten pro Kind.
Dann werden die Blüten probeweise angeordnet und anschließend aufgeklebt. Beim Aufkleben erst die äußeren Blüten aufkleben und dann zur Mitte arbeiten.

Konturen & Punkteraster oder Streifen
Abschließend werden die Konturen von Vase und Tisch nachgezogen und mit Hilfe der Punkteschablone auf eine Fläche die Punkte aufgezeichnet. Dabei haben sich meine Kinder oft gegen Schwarz entschieden und farbige Punkte gezeichnet. Die Streifen werden mit Hilfe eines Geodreieckes gezeichnet.

Kriterien zur Leistungsbewertung

1. Wurden alle Flächen gleichmäßig (plakativ) ausgemalt?
2. Passt die Farbauswahl zusammen?
3. Wurden die Rasterpunkte regelmäßig gezeichnet?
4. Ergeben die Blüten einen großen, bunten Strauß?
5. Wie sorgfältig wurden die Blüten ausgeschnitten und aufgeklebt?
6. Wie ist der Gesamteindruck?

Schülerarbeiten

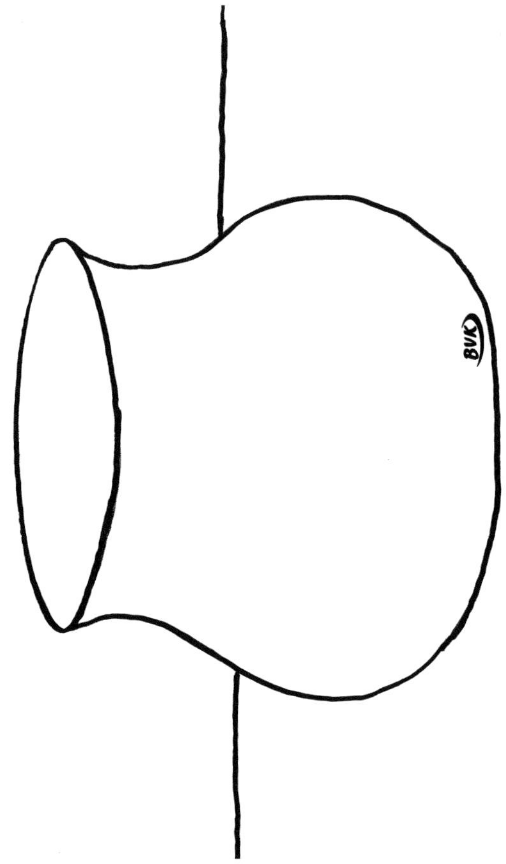

Info

Gerhard Richter wurde am 9. Februar 1932 in Dresden geboren. Er verbrachte seine Kindheit und Jugend in Waltersdorf (ehem. DDR). 1951 bis 1956 studierte er Malerei an der Dresdener Kunstakademie. Wenige Monate vor dem Mauerbau flüchtete Richter 1961 aus der DDR und zog nach Düsseldorf, wo er an der Düsseldorfer Akademie bis 1953 weiterstudierte.
Während der Studienzeit in Düsseldorf war Richter u. a. mit Sigmar Polke befreundet. Seine frühen Bilder zeigten Einflüsse der informellen Kunst und auch der Pop-Art.

Sein Werk lässt sich keinem festen Stil zuordnen. Immer wieder arbeitet er anders. Einen Teil seiner Bilder malt er nach Fotos. Schnappschüsse, die er selbst gemacht hat, oder Fotos aus der Presse malt er auf große Formate, realistisch, aber **unscharf.** Seine Bilder sollen nicht die Realität abbilden, sondern die Reproduktion darstellen.
Dabei wählt er als Motive Menschen, Tiere, aber auch Landschaften. Manche Foto-Bilder übermalt er so, dass das Motiv kaum sichtbar bleibt – die sogenannten **„Vermalungen“.**

Andere Bilder hatten als Motiv die Spur des Pinsels – Farbspuren, die über die Leinwand wanderten.

Bekannt sind auch Richters **Farbtafeln.** Als Vorlage verwendete er die Musterkarten der Farbindustrie. Jedes Farbfeld ist gleich groß und durch gleich breite weiße Streifen getrennt.

Die ersten **grauen Bilder** malte Richter 1966. Grau entsteht als Mischfarbe aller Grundfarben oder als Mischung aus Schwarz und Weiß. Richter verwendete für sein Grau Schwarz und Weiß mit etwas Umbra, was das Grau wärmer erscheinen lässt. Diese Bilder sind alle gleich groß und unterscheiden sich nur in der Malstruktur. Thema der Bilder ist „nur“ die Malerei.

In den Achtziger Jahren fertigte Richter auch ungegenständliche **abstrakte Bilder** an. Mit riesigen Rakeln schiebt er Farbschicht über Farbschicht, kratzt sie wieder weg, setzt neue Farbe darauf. Bei diesen Bildern erhält der Zufall großen Einfluss auf das Ergebnis.

Notiz

www.gerhard-richter.com

Info

Gerhard Richter wurde am 9. Februar 1932 in Dresden geboren. Er verbrachte seine Kindheit und Jugend in Waltersdorf. Das liegt in der ehemaligen DDR (Sachsen).

1951 bis 1956 studierte er Malerei an der Dresdener Kunstakademie. Wenige Monate vor dem Mauerbau verließ Richter 1961 die DDR und zog nach Düsseldorf, wo er an der Düsseldorfer Akademie bis 1953 weiterstudierte.

Seine frühen Bilder zeigten Einflüsse der informellen Kunst und auch der Pop-Art.
Charakteristisch für sein Werk ist, dass sich seine Bilder nicht einem Stil zuordnen lassen. Er malt seine Bilder nach Fotovorlagen, die er in verschiedenen Malweisen wiedergibt. Manche Bilder sind so realistisch wie das Foto, bei anderen Bildern übermalt er das Motiv so, dass es kaum noch zu erkennen ist.
Er liebt es, ständig seinen Stil zu wechseln und verschiedene Malweisen auszuprobieren.
Gerhard Richter gehört zu den berühmtesten zeitgenössischen Künstlern und seine Bilder werden zu hohen Preisen gehandelt.

2006 entwarf er ein Kirchenfenster für den Kölner Dom, das 2007 eingeweiht wurde.

Gerhard Richter lebt und arbeitet in Köln.

Gerakelte Farbkompositionen (1)

Gerhard Richter

Zeit
2 Unterrichtsstunden

Material
möglichst eine Abbildung eines abstrakten gerakelten Bildes von Gerhard Richter (unter „Bilder" googeln), ausreichend Malpapier in DIN A3, Farbkasten, Malschwamm, Borstenpinsel, alte Lineale oder Holzleisten als „Rakel"

Bereiche & Schwerpunkte:
Auseinandersetzung mit Bildern und Farbiges Gestalten mit den Schwerpunkten Kunst entdecken, Erproben von Materialien und Techniken, Zielgerichtet gestalten und Präsentieren

Lernziele & Kompetenzerwartungen
- Kennenlernen einer neuen Technik des Farbauftrags (Rakeltechnik)
- experimenteller Umgang mit Farben
- **erschließen sich ausgewählte historische und zeitgenössische Kunstwerke und finden Bezüge für die eigene Gestaltung**
- **gliedern Flächen durch farbiges Gestalten**
- **experimentieren mit Farbwirkungen und reflektieren sie**

Vorgehensweise
Bei der Betrachtung eines Spachtelbildes von Richter sollen die Kinder folgende Punkte herausarbeiten:
- Richter hat meist reine, leuchtende Farben benutzt.
- Die Farben werden nur mit dem Rakel (Lineal) verteilt.
- Farben werden übereinander „gerakelt", dadurch können Vermischungen entstehen.
- Helle Farben erscheinen transparent.
- Die Rakelrichtung ist meist senkrecht und waagerecht.

Einstieg
Unsere „Rakel" haben wir aus Holzleisten zurechtgesägt (ca. 15 cm lang, 2,5 cm breit und 0,5 cm dick) und die Enden mit Schmirgelpapier geglättet.

Gerakelte Farbkompositionen (2)

Es bietet sich an, den Umgang mit dem „Rakel“ auf einem Probeblatt zu üben. Die Farbe muss mit dem Borstenpinsel gut und mit ausreichend Wasser angerührt werden, bis Bläschen erscheinen. Mit Hilfe des Borstenpinsels wird nun die Farbe auf eine Seite des Rakels aufgetragen. Der Rakel wird nun mit beiden Händen über das Papier gezogen.

Gerhard Richter

Farbige Gestaltung

Zuerst wird das Malpapier mit Hilfe des Malschwämmchens im Gelb oder Ocker eingefärbt. Dabei wird der Schwamm immer nur in eine Richtung geführt, am besten von oben nach unten. Nun werden die Farben mit Hilfe des Rakels aufgetragen. Dabei können die Farben „rein“ aus dem Farbkasten benutzt werden.

Sie können mit den Kindern einige Vorgaben absprechen:

- Nur Rottöne werden benutzt.
- Nur Blau- und Grüntöne benutzen.
- Alle Farben werden zugelassen.

Damit die Bilder von den Farben her nicht „schmutzig“ erscheinen, haben wir kein Schwarz benutzt.
Der Farbauftrag kann von oben nach unten oder auch von links nach rechts erfolgen. Die Kinder versuchten sich auch in Bögen und erprobten verschiedene Möglichkeiten, Farbspuren zu hinterlassen.

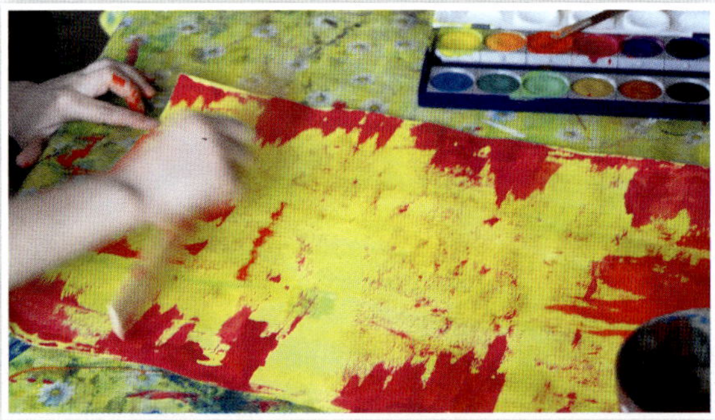

Schülerarbeiten

Gerakelte Farbkompositionen (3)

Da bei diesem Thema die Freude am gestalterischen Prozess größer und auch wichtiger ist als das Ergebnis, haben die Kinder jeweils mehrere Blätter angefertigt. Sie sollten daher ausreichend viel Malpapier bereitstellen. Auch farbige Papiere eignen sich als Untergründe!

Präsentation

Wir haben die Ergebnisse auf rotes Tonpapier aufgeklebt.

Kriterien zur Leistungsbewertung

Da bei diesen Bildern der Zufall eine große Rolle spielt, ist hier die Leistungsbewertung eher schwierig. Daher sollten alle Blätter, die ein Kind gestaltet hat, berücksichtigt werden.

1. Wurde mit der Technik experimentiert und wurden verschiedene Möglichkeiten des Farbauftrages erprobt (gerade, in Kurven, mit viel Farbe, mit wenig Farbe ...)?
2. Wurden leuchtende Farben benutzt?
3. Wurde sich an eine vorgegebene Farbauswahl gehalten?
4. Wie ist der Gesamteindruck?

Schülerarbeiten

Schülerarbeiten

Variation des Themas:

Auf eine gerakelte Farbkomposition kann ein Motiv gedruckt werden (s. Siebdruck Warhol)!